대전은 왜 노잼도시가 되었나

BOOK
JOURNALISM

## 대전은 왜 노잼도시가 되었나

발행일 ; 제1판 제2쇄 2024년 5월 20일
지은이 ; 주혜진  발행인·편집인 ; 이연대
CCO ; 신아람  에디터 ; 김혜림
펴낸곳 ; ㈜스리체어스 _ 서울시 중구 퇴계로2길 9-3 B1
전화 ; 02 396 6266  팩스 ; 070 8627 6266
이메일 ; hello@bookjournalism.com
홈페이지 ; www.bookjournalism.com
출판등록 ; 2014년 6월 25일 제300 2014 81호
ISBN ; 979 11 93453 09 4 03300

북저널리즘은 환경 피해를 줄이기 위해
폐지를 배합해 만든 재생 용지 그린라이트를 사용합니다.

BOOK
JOURNALISM

# 대전은 왜 노잼도시가 되었나

주혜진

; 내가 가진 서울 아닌 것을 피하고 싶은 '디나이얼 지방출신'에게 놓인 가장 암울한 미래는 '두려움이 가져올 변화 없음'이다. 지방은 무엇이든 될 수 있고, 다양한 캐릭터를 두텁게 쌓을 수 있고, 엄청난 이야기를 만들어 낼 잠재력이 있지만, 무서워서 꼼짝하지 않는다. 서울을 모방하는 것이 안전하고, 서울의 것을 가져오는 것이 승산 있기 때문이다.

## 차례

07        프롤로그 : 성심당 갈 때 대전 한번 들를게

19        1 _ 지금은 지방 (소멸) 시대
          '디나이얼 지방출신'을 아십니까
          지방 도시의 쪼그라드는 역사
          도시를 잘 팔고 싶은 사람들

43        2 _ 사람들은 검색창 앞에서 가장 솔직해진다
          소셜 미디어가 매긴 우리 도시 성적표
          '좋아요'가 쌓이면 장소를 잃는다
          지리적 능력은 장소를 만든다

67 **3 _ 언제부터 대전은 '노잼도시'였나**
　　지인이 대전에 온다는데, 어떡하지?
　　비로소 완성된 밈, 노잼도시
　　성심당 빵과 칼국수만 먹고 떠나는 사람들

91 **4 _ 여기는 왜 힙하지 않은가**
　　힙과 핫은 카페에 있다
　　사진이 되는 장소가 힙하다
　　힙과 핫은 이미 서울에 있다

111 **5 _ 있습니까, 나만의 도시를 만드는 방법?**
　　도시 앤솔로지
　　도시 해킹하기
　　2030 여성, 스마트폰을 든 탐험가

143 **에필로그 ; 당신의 #가 짓는 도시**

153 **주**

165 **북저널리즘 인사이드 ; 김포와 대전을 제대로 묻는 법**

중앙로 지하상가에서 어제 산 옷이다. 매장 매니저가 '성수동 스타일'이라고 분명히 그랬다. '역시 이 구역 힙스터는 나뿐이 군.' 새 옷은 근거 있는 자신감을 줬다. 그런데, 이 서울 골목에 서 이렇게 입은 사람은 나밖에 없는 것 같다. '진짜 성수동의 힙'을 풍기며 지나가는 사람들이 힐끗 나를 보는 것 같다, 은 은하게 비웃으면서. 누군가 다가와 어깨를 툭 치면서 '너 대전 에서 왔지?'라고 묻기 전에 카페 소파에 몸을 깊숙이 묻고 싶다.

친구가 데려온 서울 애들은 "울산에선 고래 타고 다닌 다며?" "광주시 공공 자전거가 '타랑께'래!" 농담하며 깔깔댄 다. 대전시 자전거 '타슈'는 모르는 것 같아 다행이라고 생각 하며, 같이 박장대소했다. 내 웃음소리가 유난히 크게 들린다. 뜨끈해진 뒷덜미를 쓸어내린다. 서울 사람들에게 서울 아닌 지역의 삶은 고래 타고 다닐 만큼 원시적이고, 사투리의 독특 함을 살린 공유 자전거 이름은 유머가 된다. 이 상황과 적당히 거리를 두고 난 상관없는 척하고 싶다. 맘 편히 웃고 싶다. 하 지만, 웃긴 데 쓸쓸하고, 같이 웃으면서도 저 깊은 곳에선 화 가 난다. 웃어도 되나 싶기도 하고, 안 웃고 있자니 잘 섞이지 못하는 사람 같다. '지방 무시하냐?'고 따지고 싶다. 그랬다가 는 갑자기 분위기 싸해질 테고 누군가는 나더러 자격지심 있 다고 하겠지.

서울은 '올라가'고 대전은 '내려간다.' 대전보다 북쪽에 있으니까 올라가는 게 맞는데, 왠지 위에 있으니까 서울 사람들은 상전 같다. 20세기 초 표준어가 된 건 서울 중산층의 말[1]이고, 서울말을 곧 표준어로 생각하는 사람들은 '서울 사투리'라는 말 자체에 발끈한다.[2] 서울 외 다른 곳은 '지역 혹은 지방'이라 구분해서 부르지만, 서울은 그냥 서울이다. 서울부터 제주까지 17개 시도 사람들이 모여 회의를 하면, 서울 아닌 곳에서 온 사람들만이 '지역(지방)에선'이란 표현을 쓰고, 서울 사람들은 '지방은 어떠냐'고 묻는다. 서울과 지방으로 쪼개진 이분법의 세계에서 서울은 중앙이고 표준이다. 그래서 서울 사람들은 다른 지역을 대상으로 한 유머를 '순수하게' 즐길 수 있는 걸까. '말은 제주로, 사람은 서울로' 보내랬다. 그럼, 서울 아닌 곳에 사는 나 같은 사람은 뭐란 말인가. 서울로 가야만 했을 것 같은 나는 아니, 서울로 가지 못한 나는 마치 해야 할 일을 하지 못한 것 같아 주눅이 든다. 도달하지 못한 목적지를 멀리서 바라보는 이 기분은 뭘까.

서울이라는 목적지에 성공적으로 도달한 사람들은 어떤 마음인지 궁금하다. 공부를 잘하면, 취업이 잘되면 청년들은 부지런히 짐을 싸 서울로 갔다. 부러움을 뒤로하고 서울로 올라가 살고 있는 그들에게 묻고 싶다, "'울산에서 고래 타는 얘기'와 '타랑께'를 들으며 해맑게 웃고 있습니까?" 부러움은 서울에서의 삶을 버티는 원동력이지만 여전히 서울을 어색하게 견디고 있는 누군가는 '서울시민 자격 검정 시험'을 상상할지 모르겠다. '참 서울 시민증'이 있다면, 성수동 골목에서 '진짜 성수동의 힙'을 풍기지 못해 나만 부표처럼 동동 떠 있는 기분일 때 잠시 버틸 수도 있지 않을까.

동경하는 서울에 왔지만, 몇 년이 지나도 아직 '서울 사람'이 되지 못한 것만 같은 이상한 기분이 든다. 지방에 대한 농담을 들으며, 마치 '내 얘긴 아니니까 난 웃을 수 있지' 식의 태도를 보이거나 '뭘 이런 걸 심각하게 여기나'라고 생각하며 가볍게 무시하고 싶지만, 설명할 수 없는 감정이 든다. 나도 서울의 일부가 되었다고 증명하고 싶다. 어떤 억양도 없이 '서울 사람입니다'를 발음하고 싶다. 지방과 거리를 둬야 하는데 아니, 거리를 두고 싶은데, 왜 그렇지 못할까. 서울시민이지만 동시에 서울시민이 아닌 것 같은 이 기분은 대체 뭐란 말인가.

이 책은 설명하기 어려운 그 기분에서 시작됐다. 목적지인 서울에 도착하지 못한 부러움과 그 부러움을 부정하고 싶은 분노, 그리고 서울 한복판에 있지만, 서울에 속하지 못한 '시골 쥐'의 부끄러움과 출신지에 대한 복잡한 감정 말이다. 설명하기 어렵고, 이상하며, 외면하고 싶지만 마치 옷에 물든 딸기물처럼 지워지지 않는 감정은 결코 사소하거나 사사롭지 않다. 사라 아메드Sara Ahmed[3]와 에바 일루즈Eva Illouz[4]는 내가 경험한 이 '느낌'이 우리 사회의 '생활 양식'과 나의 '사회적 위치'를 드러낸다고 했다. 이 감정의 실체를 잘 따라가 보면, 어느새 "피부밑으로 파고든 구조[5]"와 만나게 된다. 나와 내 친구, 동네와 도시 그리고 더 큰 사회를 움직이게 한 힘의 원리를 알게 된다.

노잼의 도시 대전에 사는 나는, 이 복잡하고 이상한 기분과 이 기분을 만들어 낸 실체를 스스로 찾아 설명해 보려고 '노잼도시[6]'를 연구하기로 했다. 노잼도시란 수식어를 대전만이 가진 개성이자 브랜드라고 자랑스러워해야 할지, 세상 매력 없는 도시에 살고 있다는 걸 부끄러워해야 할지 갈피를 잡고 싶었다. 자랑스러움은 정신 승리 같고, 부끄러움은 과몰입 같다. 사람들이 대전을 노잼도시라고 부르는(놀리는!) 이유를 알면 이러지도 저러지도 못하는 이 감정에 대처할 방법도 알 수 있지 않을까. 이 감정 뒤에 있는 생활 양식과 나의 사회적 위치를 알면, 이 감정을 만들어 낸 힘이 무엇인지도 알 수 있지 않을까.

노잼의 도시라 불리는 건 대전 사람들에겐 일종의 해결해야 할 문제 같았다. 대전시장 후보자들은 대전을 꿀잼도시로 만들 공략을 제시했고, 언론엔 '노잼도시 꼬리표 떼려면 월드컵경기장에서 익스트림 스포츠를 즐기게 하고, 오리배에

전기 충전기를 달아야 한다'는 기사'가 종종 등장했다. 대전이 '노잼도시'로 불리는 건 불명예스러운 일이었고, 대전이 재미없어서 청년들은 떠난다고 했다. 지방 도시의 인구 감소와 지역 소멸의 위기가 팽배한 이 시국에 '노잼'이라는 별명은 재앙과도 같았다.

재미없는 도시여서 즐길 게 없다는데 궁금했다. 정말 대전은 노잼의 도시인가. '도대체 얼마나 재미가 없길래 노잼도시일까.' 생각의 꼬리를 물다 보면, 어떤 재미가 없길래 노잼도시일까 하는 질문이 생긴다. 대체 재미있는 도시란 뭘까? 사람들은 대전을 노잼도시라 놀리면서도 정작 '노잼도시'가 무엇인지는 곰곰이 생각해 본 적 없지 않나? 하여튼 재밌어야 한다고 부르짖지만, 그 재미가 무엇을 말하는지 우린 알고 있을까?

도시의 재미는 곧 쓸모와 쓰임새로 연결된다. 쓸모와 쓰임새를 부지런히 찾는 노력과 발견은 꾸준히 있었다. 이런 발견은 도시를 잘 포장해서 팔고 싶은 사람들에게는 도움이 될 것이다. 하지만, 이러한 노력과 발견은 도시를 하나의 소비재로 규정해 버린다. 사람들은 소비자가 되고 도시는 소비재가 된다. 소비자는 싸게 사서 비싼 값어치를 느끼고 싶다. 그래서 도시를 가성비로 평가하게 된다. 도시란 사람과 공간과 정서가 버무려진 복합체인데, 그 안에 사는 우리와 도시 사이엔 소비자와 소비재 관계만 남는다. 이건 괜찮지 않다. 이런 관계만 있다면, '꿀잼' 대전이 되기 위해, 인구 유입을 견인하는 도시 경쟁력을 위해, 여의도에 있는 큰 쇼핑몰이나 랜드마크가 될 고층 빌딩만을 원하게 될 것이다. 이 역시도 괜찮지 않다.

이러지도 저러지도 못하는 '노잼도시민'의 난감한 기분에서 시작한 이 책은 크게 네 부분으로 나뉜다. 자꾸만 쪼그라드는 게 고민이라 어떻게든 저 위 대도시처럼 되고 싶지만 고유한 정체성은 지키고 싶은, 대전을 포함한 지방 도시의 상황을 '지금은 지방 (소멸) 시대'에서 다룬다. 행정 구역이자 물리적으로 확정된 대상으로 존재하는 도시는 마치 팔고 사는 물건처럼 투자의 대상이 돼왔다. 박리다매와 비싸고 고급진 포장과 가성비 개념으로 도시를 바라보는 정책들은 전문가들만의 것이 아니다. 우리도 그런 태도에 꽤 익숙해졌다.

도시와 우리가 서 있는 공간을 생각하는 이런 태도는 소셜 미디어에서 우리가 한 말에 고스란히 드러난다. "인스타에서 유명하대서 갔더니 돈 주고 구경할 만한 데는 아니다", "요즘 트렌드에 맞게 잘 꾸며져 있어 가격 대비 굿 초이스였다"란 말에는 도시 방문 선택의 기준, 도시를 바라보고 생각하고, 즐기는 태도가 드러나 있다. '사람들은 검색창 앞에서 가장 솔직해진다'는 공간과 장소에 대한 태도 때문에 장소를 진짜 즐기고 느끼지 못하고 결국 잃어버리는 현실을 다룬다.

'언제부터 대전은 '노잼도시'였나'와 '여기는 왜 힙하지 않은가'는 텍스트 마이닝을 활용해 사람들이 소셜 미디어에 쏟아 낸 대전 방문 이야기를 분석한다. 비정형의 말들을 수집하고, 컴퓨터 프로그램을 활용해 이야기 속의 패턴과 숨겨진 주제를 찾고, 단어들 사이의 관계를 드러내 담론의 구조를 파악했다. 텍스트 마이닝은 설문 조사처럼 독립 변수와 종속 변수 사이 인과 관계를 밝히진 않지만, '노잼도시'와 '대전의 힙하고 핫한 장소'가 어떤 단어와 이야기로 규정되고 구성돼 있는지를 보여 준다. 텍스트 마이닝을 통해 드러난 건 서울의 존재감이었다. 서울 없이는 대전을 노잼으로 만들어 버린 재미의 실체와 힙하고 핫한 대전을 이야기할 수 없었다.

노잼이 되어 버린 대전이 힙해지려면 서울처럼 돼야 한다고 결론 맺을 수는 없다. '있습니까, 나만의 도시를 만드는 방법?'에서는 중앙과 지방, 서울과 서울 아닌 곳이라는 위계와 이분법으로 도시를 바라보지 않고, 장소와 나의 관계를 다시 정립하고 이를 설명할 '언어'를 꾸준히 개발해 온 사람들을 소개한다. 이들은 이미 정해진 유명함과 재미, 아름다움을 거부하고 자신이 스스로 찾아가 재미와 아름다움, 이야기를 발견하고 만든다. 이름 없는 장소에 이름을 붙이고, 납작한 도시를 두껍고 풍성하게 한다. 그래서, '진짜로 도시를 가진다.'

이 사람들은 자신이 살고 있는 도시의 아름다움과 추함을 스스로 찾아내, 자신의 언어로 이를 규정하고 변화시킬 힘을 보여 주는 사람들이다. 획일적인 기준으로 도시에 값을 매겨 온 지금까지의 공간 소비 방향성은 소셜 미디어를 타고 더 강력해졌지만, 이들은 소셜 미디어를 비롯한 다양한 매체와 장소 간의 유착 관계를 이용한다. 이들은 스마트폰을 들고 맛집을 찾아내고, 힙한 골목을 공유하기도 하지만, 무너지는 동네에 남은 정서를 음악으로 공유하기도 하고, 해지는 기차역 뒤편의 은은한 하수구 냄새 사이에 숨은 성 착취와 폭력을 고발하기도 한다. 도시를 다루고 평가해 왔던 생각의 숨겨진 방향성을 '해킹'하고, 장소에 그들만의 언어를 붙이는 이들은 도시를 더 자유롭게 소유할 방법을 알려 줄 것이다.

이 책은 서울에서 그렇게 멀지도 않은데, 서울에 가면 '멀리서 오셨네요' 소리를 듣는 대전에 관한 얘기다. 대전 한 번 오란 인사에, '성심당 말고 갈 데 있나요?'라고 농담을 건네는 사람들의 머릿속에 있는 '노잼도시 대전'에 대한 얘기다. '멀리서 오셨네요'와 '성심당 말고 갈 데 있나요', 그리고 대전 사이의 '진짜 거리'에 대한 얘기다. 조금 더 정확히 말하면, 대전이란 장소와 사람들이 맺고 있는 '관계'에 대한 얘기라 할 수 있겠다.

혹시 내가 출신지와의 연결 고리를 적극적으로 거부하

는 서울 사는 '디나이얼denial 지방출신'[8]이 아닐까를 생각하며 정체성을 고민하는 사람에게 이 책을 권한다. '디나이얼 지방출신'의 정체성 고민은 사실 비서울권 지역에 대한 사람들의 생각, 도시 공간을 대하는 사람들의 태도, 그리고 그 생각과 태도가 만들어 낸 결과물과 연루돼 있다. 당신도 때때로 그런 고민에 빠지거나 설명하기 어려운 이상한 기분이 든다면, 당신을 서울로 밀어낸 그 생각과 당신도 연루돼 있을 수 있다. 그러니까 이건 곰곰이 생각해 볼 만한 당신 얘기이기도 하다.

아마 이 책은 '마계 인천'이라는 말 때문에 심기가 불편한 사람들과 질투를 섞어가며 슬슬 노잼도시 타이틀을 노리는 울산과 청주 사람들에게도 꽤 도움이 될 듯하다. 그들도 어두컴컴한 도시 뒷골목과 대전만큼이나 재미없는 도시가 되는 게 고유하고 독특한 정체성인지, 버려야 할 이미지인지 헷갈릴 게 분명하기 때문이다. 대략 난감과 분노, 거부감과 부정, 헷갈림과 부끄러움의 혼돈 한가운데에 노잼도시 대전이 있다.

# 1 　　지금은 지방 (소멸) 시대

## '디나이얼 지방출신'을 아십니까

신입사원 환영회든 동아리 회원 모임이든 자기소개 시간이면 사람들은 출신지 혹은 사는 곳을 이름 옆에 나란히 두고 자신을 설명한다. 사람은 매 순간 자신의 출신지를 자각하며 살진 않지만, 어떤 상황에서 지역의 이름은 나를 설명하는 중요한 요소가 된다. '어디 출신'이라고 지역명을 언급하며 자신을 소개하는 건 복합적인 의미가 있다. 지역은 공간으로서 지닌 물리적 환경이나 특성을 의미하면서도 그 안에서 다른 사람들과 맺어 온 관계와 경험을 포함한다. 때문에, 지역 소개는 출신지와 다른 지역이 맺는 관계까지 총체적으로 '내 소개' 안으로 끌어오는 일이다. 소풍 갔던 보문산[9]과 친구들과의 보물찾기 놀이, 장기자랑의 기억이 그 지역명에 묻어 있다. 블론세이브blown save[10]가 되자, 관중 모두 한꺼번에 탄식을 내뱉는 바람에 다 날아갈 것 같았던 대전 이글스 파크 야구장의 녹색 잔디도 나의 어떤 부분을 채우고 있다.

산과 강, 건물, 축제와 음식, 축구팀, 총선 투표 결과 등……. 이 모든 것들은 출신지를 기억하게 하는 요소다. 같은 출신지 사람들은 이것들을 기억하고 공유한다. 장소를 매개로 공유된 기억을 '지역 정체성'이라고 부른다. 장소명 하나에 담긴 여러 요소는 같은 장소 출신의 사람들에게 동일한 정체성을 부여하고, 그래서 사람들은 자신이 누구인지 소개할 때 흔히 출신지를 언급한다. 지리학자 에드워드 렐프Edward Relph[11]가 말한 것처럼 "사람은 곧 자신이 살고 있는 장소이고, 장소는 곧 그곳에 살고 있는 사람"이기 때문이다.

비슷비슷한 자기소개 멘트인 것 같지만, 가만히 들어 보면 출신지에 따른 엄연한 차이가 있다. "안녕하세요, **입니다. 저는 방배동 살아요." 지방에서 온 사람들이 '부산에서 왔습니다,' '대전이 집'이라고 얘기하는 와중에 서울 사람들은 동네 이름으로 자신의 출신지를 얘기하는 섬세함을 보인다. 심지어 아파트 이름을 대는 경우도 있는데, 더 신기한 건 서울 사람들은 아파트 이름만 듣고도 어느 동네인지 알아챈다는 것이다. '대전 산다'라고 하면 아무도 대전 어느 동네 사냐고 묻지 않을 텐데, 왜 서울 사람은 꼭 특정 동네를 지칭하며 자신을 소개하는 걸까. 누군가는 이렇게 대답할 것이다, '서울은 크니까.' 그렇다, 서울은 크다. 그래서 그냥 서울에서 왔다고 하거나 서울 산다고 하면 부족하다. '서울이 다 네 집이냐?'란 질문을 피하려면 서울 어느 동네라고 얘기하는 게 맞는 것 같다. 그런데, 서울은 진짜 클까?

행정 구역 서울특별시의 면적은 605.21제곱킬로미터다. 포항시의 크기는 1130.8제곱킬로미터로 서울의 두 배 가까이 된다. 하지만 자신을 소개할 때 '포항시 대잠동에서 왔다'라고 말하기엔 뭔가 이상하다. 크기로 따지면 서울 두 배

크기의 포항이지만, 대잠동이나 득량동 얘기를 하면 사람들은 TMI[12]라고 생각할 것이다. 굳이 포항 어느 동네인지 사람들은 관심이 없다는 걸 우린 안다. 그저 포항이면 충분하다. 해돋이를 보는지 해넘이를 보는지도 헷갈리지만, 아무튼 바닷가 앞에 거대한 손바닥 조각상이 있는 도시, 그런 포항이면 충분하다.

하지만 서울은 방배동으로 성북동으로 세검정으로 잘게 쪼개져야 하고 세분화돼 소개된다. 서울은 구와 동네가 각기 개성과 특성을 가진다. 종로구엔 광화문이 있고, 한옥이 지닌 감성과 골목길의 옛 정취가 있다. 심지어 탑골공원의 할아버지들과 80년대풍 상점들은 종로가 만들어 낸 레트로풍 스타일이 됐다. TV 드라마에서 한 번쯤 들어본 "예, 성북동입니다"는 부잣집 사모님의 단골 멘트였고, 성북동에 한 번도 가보지 못했어도 성북동을 저택과 외교 공관, 갤러리와 연결해 상상할 수 있게 했다. 대치동은 대학 입시 학원가로, 성수동은 트렌디한 카페 거리로 소환된다. 이렇게 서울은 다채롭고 다양하다. 꼭 여행 프로그램이 아니더라도 소설과 영화에서, 누군가의 블로그 에세이에서, 광고의 배경으로 서울은 언제나 탐험의 대상이다. 새로운 서울은 지금도 발굴 중이다.

세세하고 다양한 정보의 양이 서울을 키운다. 우리가 '크다'라고 생각하는 도시의 크기는 사실 행정 구역의 실질적 크기와는 상관없다. 지리적 크기가 아니라 서울에 대한 지식과 정보의 양이 크다. 다양한 매체와 방법을 통해 전달된 서울에 대한 지식은 서울을 다채롭게 인식하게 하고 입체적으로 기억하게 한다. 알면 알수록 서울은 머릿속에서 시작과 끝을 알 수 없을 만큼 부풀어 오르고, 길어지고, 커진다. 모르는 부분이 있지 않을까 궁금하고, 더 알고 싶어진다. 대상에 대한 지식과 정보가 가진 힘이 내 안에서 나도 모르게 그 대상을 키운다고 할 수 있다. 이런 서울에 비하면, 손바닥 조형물 하나로 납작하게 인식된 포항은 입체적 정체성을 가질 기회가 없었다고 할 수 있지 않을까.

무엇 하나로 대표되는 도시는 그것 때문에 금방 알려질 수 있지만, 결국 그 특징 하나로 끝나 버린다. 사람과의 관계 맺기도 비슷하지 않나. '아, 그 매일 축구화 신고 다니는 애!'로 기억되면, 인맥 폴더에서 빨리 소환될 수는 있어도 '축구화 신는 애' 이상으로 궁금하지는 않다. 관계 맺기의 특징은 그 사람에 대한 지식과 소통의 추억을 계속 쌓는 데 있다. 우린 아는 사람과 더 많이 말하고, 더 많은 시간을 함께 보낸다. 더 알고 싶고, 더 소통하고 싶어지기 때문이다. 이러한 호기심과 열망 혹은 갈증이 있어야 친밀한 관계는 지속된다. 그 과정에서 상대에 대한 지식과 감정이 커지면서 비로소 상대를 입체적이고 복합적으로 이해하게 된다.

지방 도시들은 '그냥 맨날 축구화 신고 다니는 애' 이상의 부피와 복잡성을 지닌 정체성을 가지지 못해 왔다. '맨날 축구화 신고 다니니까 축구는 잘하겠지, 체육 대회 때 부를까?' 이상의 관계 맺기를 상상하지 못해 왔다. 여러 매체와 방법을 통해 다양한 매력이 소개돼 온 서울은 자신에 대한 호기심과 열망과 갈증을 계속 생산해 낼 수 있었다. 서울 밖의 사람들은 서울을 더 궁금해하고, 서울을 알고 싶어 하고, 서울에 가고 싶어 한다.

서울을 궁금해하는 사람들의 열망이 있으므로 서울은 더 세세하고 다양한 자신에 대한 지식을 계속 생산해 낼 수 있다. 미디어는 서울을 취재한다. 서울이 영화와 광고, 잡지에 실리도록 자본이 투자된다. 영화와 잡지와 광고의 배경으로 나온 근사한 서울은 모두의 워너비가 된다. 모두의 호기심과 열망을 기반에 두고 서울은 힘을 가진다. 관계망 안에서 '수퍼 울트라한 파워'를 행사하는 '핵인싸'처럼, 관계망의 가장 높은 곳에, 그리고 가장 중심의 자리에 위치한다. 그러니까, 서울은 크기가 아니라 위세다.

웬만한 광역 시·도는 잘 가꿔진 도심 공원과 유명한 건축가가 설계한 도서관 또는 미술관, 조금만 교외로 나가면 있는 호수와 수목원 정도는 가지고 있다. 그러나 힙한 카페와 쇼핑몰, 박물관 등 매력적인 콘텐츠라고 할만한 것들은 서울에 이미 있는 것들을 '벤치마킹benchmarking'[13]한 경우가 많다. 지역의 도시는 어디서 본듯한 건물과 공원으로 채워져 있다. 서울을 따라한 도시가 매력적이라고 얘기하기엔, 역시 망설여진다.

원본이 굳이 복사본을 궁금해할 필요가 없듯이, 그 자체로 중심이고 기준이며 다른 도시들의 워너비인 서울은 다른 도시를 참고하고 비교해서 새로운 정체성으로의 변화나 확장을 추구할 필요가 없다. 이런 '서울을 나의 도시라고 생각하는 사람들'은 그래서 안정돼 있고, 편안하며, 부대낌 없이 해맑을 수 있다. 이들이 지역 특색과 정체성이 무엇인지 알지 못하는 것은 어쩌면 당연하다. 정체성을 깊이 생각하는 것은 늘 '특별하다'고 규정된 존재들이기 때문이다.

원본, 기준과 다른 특별함은 개성인 동시에 유머의 소재이거나 결핍으로서 안쓰러운 걱정거리이기도 하다. 숨길 수 없는 식성과 사투리 억양은 유머의 소재가 된다. '성공하려면 서울로 가야지 왜 아직도 여기 있냐'고 묻는 사람들 앞에서 격앙된 목소리로 지역에서의 삶을 이야기하다가도 돌연 의기소침해지곤 한다. 나의 특별함을 벗어나 그저 담담히 오늘의 대화를 이어 가고 싶지만, 쉽지 않다. 누군가는 이런 상황에 대해 어찌해야 할지 '몸 둘 바를 모르겠다'라고 했는데[14], 그건 아마 지역이 가진 '다름'이 '낙후성'임을 상기시키기 때문일 것이다.

　내가 출발한 곳에 대한 부끄러움은 결국 그것에 대한 혐오로 이어진다. 혐오가 꼭 대상에게 대놓고 침을 뱉거나 위해를 가하는 행위만을 의미하는 것은 아니다. 대상의 가치를 후려치고, 하찮게 여기는 것은 위계질서에 대한 인식에 근거한다. 지역과 도시들 사이의 위계를 내면화하고, 그 질서 안에서 어느 곳이 바닥인지를 알고, 그 위치에 맞는 대우를 해줘야 한다는 생각이 혐오 정서와 태도를 끌어낸다.

　그래서 우린 환영회 술자리가 끝나갈 무렵 살짝 붉어진 얼굴로, 강원도 억양을 완전히 버리지 못한 옆 사람에게 바짝 다가가, 들릴 듯 말 듯 '실은 저도 지방출신입니다.'라고 속삭이게 된다. 내 몸짓이, 말투가 내가 떠나온 곳을 만천하에 드러내는 것 같다. 살고 있는 동네, 도시나 지역이 식성과 억양에 배어 나오고, 그게 꼭 나를 다 설명하는 것 같다. 내가 속한 곳이 허접하고 후진 것이라 취급된다면, 아니 그런 취급을 받고 있다는 걸 내가 알아챈다면 난 내가 누구인지 숨기고 싶다. 내가 떠나온 곳을, 동네를, 지역을 부정deny 하고 싶다. 부정 또는 인정하지 않는다는 뜻을 가진 'deny'의 명사형 '디나이얼'과 '지방출신'을 붙여, 두려움을 가지고 자기 정체성을 부정할 수밖에 없는 지방(출신) 사람을 '디나이얼 지방출신'이라 부를 수 있지 않을까.

'디나이얼 지방출신'은 자신이 속한 도시가 지역 위계 질서 안에서 어떤 위치에 있는지 알아챈 사람들이다. 복잡성과 부피를 가지지 못한, 낙후성과 촌스러움으로 인식된, 새로운 것으로 확장되지 못한 나의 지방 정체성이 힘이 없다는 걸, 너무나 '마이너'하다는 걸 눈치채 버린 사람들이다. 나의 동네가, 나의 고향이 매력도 없고 재미도 없고, 그래서 아무도 알고 싶어하지 않는다는 걸 느껴 버린 사람들이다.

누군가 대전에 뭐 있냐고 물으면 잠시 머뭇거리게 된다. 생각할 시간이 필요하다, 나와 관계를 맺어 온 지역 장소와 경험을 추릴 시간. 하지만 사람들은 지역의 콘텐츠를 재빨리 문제 삼는다. '그거 봐, 성심당 말고 없잖아'라며, 지역의 자원이 그것뿐이라고 점수를 매긴다. 그 평가의 기준을 공유하고 있는 나 역시 할 말이 없다. 제주만큼의 바다와 태백산맥과 같은 숲, 123층 높이의 빌딩이나, 45만 평쯤 되는 놀이공원 같은 것을 말해야 할 것 같다. 역부족이다. 그 기준에 맞는 콘텐츠가 대전에는, 광주에는, 포항에는 거의 없다. 그래서 '디나이얼 지방출신'은 '역부족이라는 기분에 함몰된 상태[15]'를 감추는 사람들이다. 역부족의 자리에 있는 자신을 부인하는 사람들이다. 언젠가 결국엔 "서울에서 치워질 것 같은 기분[16]" 때문에, 디나이얼 지방출신은 작아지고, 그가 떠나온 곳은 하찮아진다.

'디나이얼 지방출신'의 감정과 경험은 지극히 개인적인 것일까. 어쩌다가 지방은 이렇게 작고 하찮아졌을까.

## 지방 도시의 쪼그라드는 역사

서울이 크다는 말은 '서울이 그만큼 힘을 가져 왔다'라는 말로 다시 쓸 수 있다. 서울은 600년 이상 한반도의 수도였다. 그래서 왕궁과 주요 사찰과 유적지 등 역사적 장소가 서울에 있다. 일제강점기에 서울(경성)은 근대 도시로 바뀌면서 서구식 경제와 교통 인프라를 체계적으로 갖췄다.[17] 서울이 한국 경제의 중심지로 성장하면서 기업과 금융, 소비와 문화가 집중됐다. 이는 자연스럽게 일자리 창출로 이어졌고, 다른 지역의 인구 상당수가 서울로 이주해 왔다.

최근 20년간 서울과 수도권으로의 인구 집중은 꾸준했다. 속도도 빨랐다. 2020년엔 드디어 수도권 인구가 비수도권 인구를 처음으로 추월했고, 2022년에도 여전히 수도권 인구는 전국 인구의 50.5퍼센트에 해당하는 2605만 명이다. 2022년 서울의 인구밀도는 제곱킬로미터당 1만 5551명으로 도시 중 가장 높고, 부산이 제곱킬로미터당 4278명으로 그다음이다. 서울의 밀도는 2위인 부산에 비해서도 압도적이다.[18] 이렇게 서울로 몰려든 인구의 상당수는 청년, 20대다. 20대는 최근 20년 동안 지속적으로 서울로 순유입됐고, 40대 이상은

2008년부터 지속적으로 순유출[19]됐다. 경제 활성화, 다양하고 많은 일자리, 무엇보다도 서울엔 유명 대학들이 몰려 있다. 그들의 실질적 삶의 질과는 상관없이, 20대 인구의 증가는 서울의 활력을 이끈다.

중심이 된 서울이 가져온 효과는 다양한 면에서 강력하다. 지방의 도시들이 소멸할 것이라는 '지방 소멸'의 공포감은 인구의 자연 증가만이 해결의 열쇠인 듯한 인상을 풍겨 왔다. 지방의 위기 담론을 지배해 온 '지방 소멸 위험 지수'[20]가 '65세 이상 고령 인구의 수 대비 20~39세 여성 인구의 수'라는 단순한 공식에 근거하고 있으니, 지방자치단체와 전문가들은 젊은 여성의 출산이 지역 소멸 여부를 결정짓는 것인 양 말하기도 했다. 지방의 소멸 위기 대응은 새로운 인구의 출생, 혹은 인구의 이주에 초점을 둔 방향으로 흘렀다. 하지만 이러한 '인구 증가 만능론'은 다른 중요한 불균형과 불평등의 근본적 문제를 가린다.

강준만[21]은 일자리와 명문 대학의 서울 집중화를 지적하며, 사실상 '서울 공화국'인 한국에서 지방은 '내부 식민지'라고 주장한다. 서울에 대한 지방의 경제적, 정치적 종속뿐 아니라 서울의 엘리트 독점이 더 치명적이라고 강준만은 비판한다. 서울의 엘리트 독점이 서울의 의지로 된 것은 아니다. 전국의 엘리트가 서울로 모일 수 있었던 건 지방 사람들이 원해서

이기도 했다. 강준만은 지방 엘리트의 '탈영토화deterritorialization'
가 서울의 엘리트 독점에 기여했다고 지적한다. 산업과 교통
이 발달하며 지역 고유성의 경계와 영토의 중요성은 약해졌
다. 엘리트들은 이 현상을 적극적으로 후대의 계급적 성장에
이용했다. 이들은 지역을 초월한 이주와 경계 허물기를 자처
하며, 특히 자녀의 서울 유학과 이주를 적극적으로 지원해 왔
다. 국가 재정 지원이 이른바 '인서울 대학'에 집중된 것, 위계
가 분명한 대학 서열에서 우위를 점하는 '인서울 대학'에 가
고 싶다는 열망이 이를 부추기거나 지지한다.

이러한 서울 집중 현상, 중앙과 지방의 불균형을 정부
가 모르는 것은 아니다. 새 정부의 국정 과제 중 여섯 번째 핵
심 목표는 "대한민국 어디서나 살기 좋은 지방 시대"다. 지역
간 격차가 없는 삶은 오랫동안 지방 정부뿐 아니라 중앙 정부
의 중요한 정책 목표이기도 했다. 하지만 지역 간 격차를 줄이
기 위한 노력의 결과가 어떠했는지 살펴보면 그 성적표는 꽤
초라한 편이다.

지역 간 부의 격차, 달리 말해 지역에 따른 소득 불평등
을 1인당 GRDP(1인당 지역내총생산)로 판단하는 것은 부족하
다.[22] 1인당 GRDP는 지역 내 총생산을 지역 인구수로 나눈 1
인당 연간 생산액인데, 이러한 생산성 지표만으로는 그 지역
사람들의 사는 형편을 제대로 보여 주기 어렵다. 통계청이 발

표한 〈지역 소득〉 자료를 보면, 2021년 1인당 GRDP는 울산 광역시(약 6913만 원)가 가장 높고 충청남도가 그 뒤를 따른다. 서울은 3위이며, 4위가 전라남도다.

　　지역 주민들의 소득이나 소비 수준을 실질적으로 짐작하게 하는 지표는 지역별 소득 유출입 현황이다. 최병두는 지역에서 생산된 부가 가치의 역외 유출이 지역 주민들의 생활 여건을 저하한다고 봤다. 산업연구원이 2018년에 발표한 16개 시도의 소득 유출입 현황[23]을 보면, 충남에서 가장 많은 소득이 유출됐고, 그다음이 경북, 울산, 경남, 전남 순이다. 서울로의 순유입이 가장 크며 서울과 다른 지역 간 격차는 2000년대 들어 점차 커진다. 지역 간 소득 유출입은 지역 내에서 생산된 부가가치가 서울에 있는 본사로 유입되거나, 일은 지방에서 하지만 실제 거주와 생활은 서울에서 하는 사람들의 생활 양식과도 관련이 있는데, 계속해서 분배 소득의 지역 격차가 커지고 있다는 것이 문제다.

　　서울과 수도권 그리고 그 외 지역 간 경제적 격차를 줄이기 위해 정부는 비수도권으로의 기업 이전과 시설 투자를 지원한다. 그럼에도 불구하고, '수도권 블랙홀' 현상은 여전하다.[24] 지역별 사업체 수 비중을 보면 비수도권 53퍼센트, 수도권 47퍼센트로 비수도권에 위치한 업체의 비중이 더 높지만, 매출액 기준 1000대 기업으로 한정하면 86.9퍼센트가 수도권에 있다. 대기업이나 양질의 일자리를 기대할 수 있는 기업들이 수도권에 집중돼 있다는 뜻이다. 이러한 점은 인구의 수도권 집중뿐 아니라 지역 재정 악화로 인해 인프라 투자와 개선이 이뤄지지 않을 것이란 점도 짐작하게 한다.

산업연구원이 2023년 4월에 발표한 광역자치단체별 재정력 추이 분석 결과[25]에 따르면, 재정 자립도의 경우 2000년대 이후 지역 간 격차가 감소하고 있지만, 재정 자주도는 격차가 커졌다. 재정 자립도[26]와 재정 자주도[27]의 차이는 '자주 재원'인데, '자주 재원'은 각종 특별 회계(도시 철도 특별 회계, 지역 발전 특별 회계 등)를 차지하는 지방 교부세, 조정 교부금 등 지방자치단체가 자율적으로 사용 재량권이 있는 재원을 의미한다. 2003년부터 2022년까지 지방 정부의 재정 능력을 보여 주는 지표인 재정 자립도와 재정 자주도는 지속적인 하락세를 보인다. 2003년 서울은 재정 자립도 95.9퍼센트를 보이며 재정 면에서 거의 자립이 가능한 유일한 도시임을 보여 줬다. 당시 최하위는 전라남도로 21.0퍼센트다. 2022년 재정 자립도 1위는 여전히 서울(80.9퍼센트)이다. 서울은 재정 자주도 면에서도 2003년 95.9퍼센트, 2022년 83.2퍼센트로 80퍼센트를 넘긴 유일한 광역자치단체다.

지난 20년 동안 재정 자립도와 재정 자주도 값을 점을 찍어 가며 비교해 보면, 17개 광역시·도의 살림 역량이 어떻게 변화해 왔는지 알 수 있다. 가장 눈길을 끄는 건 서울과 다른 도시들 사이의 거리다. 20년 전 도시의 재정 역량 면에서 서울과 근거리에 있었던 지역들이 경기도를 제외하곤 더 멀어졌다. 다시 말해, 재정 여건이 (다 같이 안 좋은 가운데) 더 안 좋아졌다. 대구, 부산, 인천, 대전과 울산은 2003년에 재정 자립도가 70퍼센트 이상이었으나, 2022년엔 50퍼센트대로, 대전의 경우엔 46.8퍼센트로 떨어졌다. 서울과의 격차가 더 커진 것이다.

지방자치단체의 재정 자립도가 낮으면 경제 활동을 지원하기 위한 사회 간접 자본soc에 대한 투자가 위축되고, 지역의 생산 기반 및 생활 여건이 나빠져 생산 가능 인구가 줄어든다. 인구 유입의 감소는 생산과 구매력의 감소를 의미하며, 경제 거래가 줄어든 도시는 세원 등 자체 수입이 줄어들게 된다. 한마디로 악순환이다. 이러한 경제적 악순환과 함께 최병두는 지역의 '공간적 소외'를 지적한다. 지방 도시들이 주변화되거나 경제적으로 열악해진다는 것 외에도 실질적 '자치'를 위한 힘을 가질 수 없다는 점을 지적하는 것이다. 그는 지역에서 생산된 부가 수도권으로 집중되면서 지역 주민의 의사 결정에 따라 지역에 재투자되지 못하고, 심지어 이해관계에 반하는 경제 및 국토 공간 계획에 쓰일 수도 있다는 점을 우려한다.[28]

지방자치단체의 재정 자립도 강화를 위한 노력으로 지역 경제 활성화와 도시 매력도 증가, 이를 바탕으로 한 인구의 새로운 유입이 강조됐지만, 사실 지방 정부가 자체적으로 세원을 확보할 수 있도록 중앙 정부가 바꿔야 할 것도 있다. 꾸준히 비율을 낮춰 왔다고 하지만, 현재 우리나라 조세 중 국세와 지방세의 비중은 2021년 기준 약 74:26[29]으로 국세의 비중이 월등히 높다. 국세 수입의 상당 부분을 지방 교부금 등을 통해 지방으로 이전하고 있다고는 하나, 지방자치단체 입장에서는 중앙 정부로부터 교부금을 타내야 하기에 중앙 정부에 의존하거나 잘 보이려 노력할 수밖에 없다. 지역에서의 삶이 나아지려면 중앙 정부와 서울에 있는 기업에 지원과 투자를 요청해야 한다. 그래서 지방의 도시들은 더욱더 매력적인 투자처가 되기 위해, 가성비 높은 투자 대상이 되기 위해 오늘도 애쓰지 않을 수 없다.

## 도시를 잘 팔고 싶은 사람들

충주시 공식 유튜브 채널 '충TV'는 기존의 지자체 홍보 채널의 공식을 깨뜨린 B급 감성 콘텐츠로 2023년 10월 현재 전국 지자체 및 광역자치단체 유튜브 채널 중 구독자 수 1위(약 44만 명)를 차지하고 있다.[30] 충주시 유튜브만큼이나 인기 있는 경상북도의 '보이소TV'도 약 38만 명의 구독자를 가지고 있다. 지자체 공식 유튜브 채널의 구독자 수는 은근한 경쟁거리다. 지역을 홍보할 수 있는 가장 중요한 매체로 유튜브가 떠올랐기 때문이다. 뉴스부터 관광지 소개, 지역의 핫한 문화 이슈까지 다양하게 섭렵하는 두 지자체 유튜브 채널은 영상 배치 스타일부터 콘텐츠를 풀어내는 방식은 모두 다르지만, 목표는 매우 유사하다. 지역 홍보, 즉 지역이 가진 차별성과 긍정적인 이미지를 다른 지역 사람들에까지 널리 알리는 것이 이들의 목표다.

지자체의 유튜브 인기 동영상의 주요 내용은 더 이상 정책 홍보 혹은 지자체 행사 송출에만 머물지 않는다. 고객을 끄는 다양한 요소를 활용해 지역의 고유한 매력을 어필한다. 지역의 특성을 강조하고 차별화해서 어떤 이미지를 구축하는 과정을 '도시 브랜딩'이라 부르는데[31], 다양한 소셜 미디어를 통해 브랜드화된 지역을 적극적으로 소개하는 게 요즘 대세다. 지자체 유튜브 채널이 제작한 인기 영상 주제의 3분의 1이 '도시 브랜드'로 분류된다는 점[32]은 이미 대부분의 도시들이 미디어를 활용한 도시 브랜딩에 상당한 노력을 기울이고 있다는 걸 보여 준다. 지역 정체성은 경영 수단이 되는 '브랜딩'의 대상이 됐다. 이제 도시는 어떤 재화이자 이익을 창출하는 상품이 된 것 같다. 언제부터 도시는 '브랜드'가 되었을까?

지방자치단체가 지역의 괜찮은 이미지나 정체성을 알리고 이를 바탕으로 지역 관광이나 경제 투자 마케팅을 해온 것은 지방자치제도의 출범과 무관하지 않다. 1990년대 들어 본격적으로 실시된 지방자치는 시장과 도지사로 하여금 지역을 어떻게 '경영'해야 할지 고민하게 했다. 스스로 지역을 경영하고 그 성패도 스스로 책임지는 시대, 즉 '기업가 정신'이 필요한 때가 된 것이다. 자립과 자치가 도시 경영의 핵심 화두가 되었고, 지역은 더 빠른 그리고 더 확실한 발전을 위해 다른 지역과 치열하게 경쟁해야 했다. 시장과 도지사는 세일즈맨이 됐다. 이들은 열심히 지역과 도시를 알리고, 설득의 전략을 세우고, 그리고 판매한다.[33] 도시 세일즈 경쟁의 유리한 고지를 점하기 위해 우선 필요한 것은 지역을 단번에 알릴 수 있는 이름, 즉 브랜드다. 호감을 살만한, 관심을 끌만한 그리고 매력적인 이미지가 도시는 필요하고, 그러한 이미지를 잘 담아낸 브랜드를 만드는 게 절실했다.

　　도시 브랜딩의 확산은 고속 도로와 철도, 자차 이용 비율의 급증 등 교통 인프라의 발전 및 이를 활용한 라이프스타일의 변화와도 관련이 있다. 이제는 태어나 자란 곳을 벗어나는 일이 너무 쉬워졌다. 지역 간 경계가 흐려졌고, 사람들은 주말마다 자가용을 몰고 아름다운 풍경을 즐기러, 재미있는 체험을 하러 다른 도시로 여행을 떠난다. 이제 지역은 이러한 방문자들의 선택을 받아야 하는 상황이다. '이번 연휴엔 어디로 가볼까'를 생각하며 검색창을 두드리는 사람들 앞에 서서 각자가 정성 들여 준비한 홍보물을 내걸고 옆 도시와 치열한 경쟁을 해야 한다. 경쟁이 치열해질수록 '고유하고 매력적인 우리 지역만의 정체성'은 중요해진다. 아니, 우리 지역의 정체성이 '더 고유하고 더 매력적'이라는 우월함을 이야기해야 한다. 그래야 소비자로부터 선택받을 수 있다.

장소와 문화에 기반을 둔 채 그곳에 사람들이 지역과 문화와 상호 작용하며 만들어 온 차별화된 특성과 고유함이 지역 정체성이라면, 도시 브랜드는 마케팅에 필요한 요소만을 뽑아낸 상징 자본 같은 것이다. 마케팅의 관점에서는 지역 정체성의 모든 구성물이 브랜딩의 가치를 지니는 것은 아니다. 정체성의 어떤 측면은 도시 마케팅의 차원에서 버려지거나 개선될 필요가 있다. 한마디로 소비자의 눈에 들어 팔릴 수 있는 요소만이 '더 매력적인 이미지와 차별된 정체성'이 된다.

'도시 브랜드'란 용어가 본격적으로 쓰인 것은 2000년대다. 뉴스 검색 분석 엔진 빅카인즈를 통해 전국 일간지와 방송사 뉴스를 대상으로 '도시 브랜드' 키워드를 검색해 보면, 2002년 여덟 건에서 시작해 2023년 5월 28일까지 모두 1만 1475건의 뉴스가 생산됐음을 알 수 있다. 2003년 31건,

2005년 151건, 2008년엔 500건의 '도시 브랜드' 관련 뉴스가 생산됐다. 이후로도 검색어는 증가 추세를 보여 2009년엔 844건으로 증가 폭이 훌쩍 커진다. 2010년에는 743건, 2011년에는 881건으로 이 3년의 기간이 가장 왕성하게 '도시 브랜드'와 관련한 뉴스 기사가 생산된 때라 할 수 있다.[34] 2009년, '도시 브랜드'는 기사에서 어떤 의미로 사용됐을까? 빅카인즈가 제공한 연관어 분석 결과를 보면, 기사에서 '도시 브랜드'는 '경쟁력'이란 단어와 가장 높은 연관성을 보였다. '도시 브랜드'와 연관성이 높은 주요 단어로는 '활성화,' '랜드마크,' '정체성,' '인지도,' 그리고 '지역 경제' 등이 꼽혔다. 특정 도시의 브랜드 가치는 얼마인지, 세계에서 몇 위에 위치해 있는지, 다른 나라의 어떤 도시와 비교해 수준은 어떠한지 분석한 기사들이 많다. 서울의 도시 브랜드 가치는 127조로 세계 33위이며, 도쿄(668조 8000억 원)의 20퍼센트 수준[35]임이 보도됐고, 6대 광역시의 브랜드 가치 비교도 자연스럽게 따라왔다.[36]

지역의 브랜드화는 법률 제정을 통해 체계적으로 이루어지기도 했다. 2023년 10월 기준, 지방자치단체 중 '도시 브랜드'와 관련한 조례를 가지고 있는 곳은 총 여섯 곳으로[37], 대구광역시의 '대구광역시 도시 브랜드 가치 제고에 관한 조례'가 2009년 11월 가장 먼저 제정됐다. 대구시 조례에 언급된

'도시 브랜드'란 "도시의 경제, 문화 자산, 환경, 시민, 인프라, 여가 생활 등 도시의 유무형 자산을 모두 합친 것"이다. 대구 조례는 도시 브랜드 기본 계획을 4년마다 수립해서 대구의 브랜드 현황을 파악하고 가치 제고를 위한 민관 협력 방안을 마련하도록 하고 있다.

지자체가 조례까지 제정해 도시 브랜드를 만들고 관리하려는 이유는 "도시 브랜드가 도시들 간에 전략적 우위를 획득할 수 있는 중요한 요소[38]"로 취급되기 때문이다. 도시를 마케팅하는 과정에서 브랜드가 없다면 소비자와 소통할 수 없다. 가치를 창조하는 수단으로서의 도시 브랜드는 타 도시보다 더 많은 관광객을 부를 수 있도록 만들고 도시에서 생산된 제품을 팔고 홍보하는 효과를 가진다. 또한, 브랜드의 발전 전망을 계산하며 투자자들은 도시 개발에 투자한다. 도시 브랜드가 지방 도시의 존폐를 결정짓는 요소가 된 것처럼 보이는 이유다.

이렇게 지역의 자치와 자립이 규정됐다. 스스로 상품을 만들어 다른 지역 사람들이 구매하도록 하고 거기서 발생한 이익을 지역 주민을 위해 쓴다는 공식이 그것이다. 지역의 자원들은 소비자로부터 선택받아야 할 상품이기 때문에, 지역민인 내부자조차도 '소비자의 시선'을 가지게 된다. '이 숲이, 이 거리가, 우리 동네가 선택받을 만한 것인지' 스스로 평가하게 된다. 고객 중심의 브랜딩과 마케팅에 골몰하다 보니 우리 동네와 도시의 어떤 것은 영 별로다. 방문객과 투자자를 유치할 수 없을 것 같다. 사람은 떠나고 자립도 자치도 불가능할 것 같다. 양양은 '서퍼surfer의 성지'라는데, 같은 강원도 바닷가라도 삼척은 내세울 브랜드가 마땅히 떠오르지 않는다. 그래서 그랬을까, 삼척시에는 '남근 숭배 문화'를 상품화해서 만든 공원[39]이 생겼다.

지역 도시 입장에서는 도시 브랜드의 방향성이 무엇인지 고민하는 시간을 가지는 것보다 지금 가지고 있는 지역 자원을 빠르게 상품화하는 것이 더 절실하다. 다른 도시들과의 경쟁은 시간 싸움이며, 고객의 관심을 먼저 끌려면 불편한 호기심이라도 자극해야 한다. 수요자가 원하는 상품이 돼야 하는 '브랜드화된 지역 정체성'은 고객이 공감하고 원하는 것에 초점을 맞추는 전략과 가치를 생성하고, 확산시킬 수밖에 없다.

전국 17개 특·광역 시·도와 226개 기초지방자치단체가 잘 팔리기 위해 치열하게 경쟁하고 있다. 이런 도시 마케팅 경쟁의 와중에 노잼도시 이미지는 치명적이다. 황당하고 불편하고, B급이라도 무조건 고객들에게 재미를 선사해야 하는데 재미가 없다는 건 참을 수 없다. 언론은 '노잼'이 대전의 특정 이미지로 굳어지면서 관광 경쟁력을 잃고 있다고 주장했고, 지방자치단체장 후보들은 대전의 노잼도시 이미지 탈출을 중요한 정책 아젠다로 제시했다.

'다 아시잖아요, 대전이 노잼도시라는 거. 다들 그렇게 생각한다니까요.'

우물쭈물하면서 '성심당 말고는 갈 데가……'라며 말끝을 흐리고, 영 내세울 만한 곳이 없다는 게 언짢다가도, 진짜 그런가 의심하게 된다. '그게 다는 아니지' 싶다. 몇 가지 질문이 떠오른다. 대전은 정말 노잼도시일까? 노잼도시가 무엇이길래 다른 지역 사람들이 은은하게 비웃으며 블로그에 대전 방문기를 남기는 걸까? 노잼도시라는 수식어는 어떻게 대전을 작고 촌스러우며 하찮게 만드는 걸까? 대전이 노잼도시라는 얘기는 어디서 어떻게 시작된 걸까. 사람들은 무슨 생각으로 노잼도시와 대전을 붙여 얘기하는 걸까. 사람들은 노잼도시에 대해 어떤 솔직한 이야기를 나누고 있는 걸까.

# 2 사람들은 검색창 앞에서 가장 솔직해진다

## 소셜 미디어가 매긴 우리 도시 성적표

사람 사이의 소통에서 가장 중요한 수단은 말이었다. 사람들은 얼굴을 맞대고 자신이 알아낸 정보와 경험한 느낌을 입말로 전했다. 지금은 텔레비전과 라디오, 인터넷 포털과 유튜브가 세계 경제 동향부터 우리 동네 교통 상황까지 전달하는 시대다. 이젠 스마트폰 없는 소통을 상상하기 어렵다. 의사소통을 위한 기술의 발달은 우리를 더 가깝게 만들었다. "관계를 통해 의미를 찾고자 하는 개인들이 일상이나 소식, 지식을 타인과 직접 공유하면서 친밀한 관계를 형성하는 수단인 소셜 미디어"[40]는 현대 의사소통의 가장 큰 부분을 차지한다.

우리나라 18세 이상 성인의 76퍼센트가 다양한 종류의 소셜 미디어를 사용한다.[41] 사람들은 카카오톡으로 회의 자료를 주고받고, 유튜브로 여름 휴가 때 갈 휴양지를 미리 가본다. 카페에선 맛집 검색을, 인스타그램으론 인플루언서의 삶을 엿본다. 내가 지금 무엇이 궁금한가에 따라 매체를 달리 선택해 지식을 습득하는 것도 일상이 됐다. 사진 중심의 직관적 게시물을 통해 지인의 근황을 알고 싶은 사람들은 주로 인스타그램을 이용하며, 대상에 대한 상세한 정보나 평은 블로그를 통해 얻는 것이 소셜 미디어 유저들의 특성[42]이다. 블로그는 매체의 특성상 물건이나 여행지에 대한 상세한 리뷰를 업로드할 수 있다. 사람들은 블로그의 현장성과 세밀함을 높이

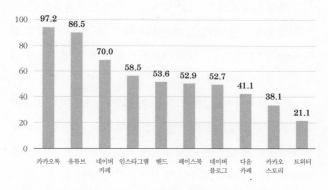

**현재 이용하고 있는 소셜 미디어 상위 10개**

| | 카카오톡 | 유튜브 | 네이버 카페 | 인스타그램 | 밴드 | 페이스북 | 네이버 블로그 | 다음 카페 | 카카오 스토리 | 트위터 |
|---|---|---|---|---|---|---|---|---|---|---|
| | 97.2 | 86.5 | 70.0 | 58.5 | 53.6 | 52.9 | 52.7 | 41.1 | 38.1 | 21.1 |

\* 한국언론진흥재단, 《2021 소셜 미디어 이용자 조사》, 24쪽, 단위: 퍼센트

산다.[43]

　'3000만 블로거'[44]의 주간 일기를 출근길 지하철 안에서 읽을 수 있는 우리는 원하는 언제든 자신의 지금 생각, 경험, 느낌을 공유할 수 있는 자유를 기술로부터 얻었다. 그러나 한편으로는 근사한 콘텐츠를 생산해야 한다는 스트레스에 시달리기 시작했다. 새로운 종류의 스트레스다. 소셜 미디어 유저들은 누가 협박한 것도 아닌데, 오늘 인스타그램 스토리에 올릴 콘텐츠를 점심 메뉴를 고르듯 고민한다. 지난번 여행기의 반응이 좋았던 이후, 은근히 블로그 방문자 통계가 신경 쓰인다. 이젠 이웃들이 좋아할 만한 블로그 콘텐츠를 애써 기획

하기도 한다. 더 많은 '좋아요' 하트와 블로그 방문자 수의 증가는 자칫 허술해질 수 있는 사이버 인맥에 긴장감을 준다. 하트와 팔로워 수를 늘리고, 댓글 피드를 늘여 '인싸'가 되고 싶은 우리는 마치 1인 미디어 프로듀서처럼 오늘의 포스팅 업로드 시점을 고민하게 됐다.

'구독과 좋아요, 알림 설정'이 동력인 소셜 미디어 유저들에게 여행과 방문은 화수분 같은 콘텐츠다. 작은 동네 카페부터 백두대간 종주까지, 방문지의 규모와 특성은 다양하다. 국내뿐 아니라 해외 장소까지 포함한다면 낯설고 새로운 흥미는 끊임없이 생산될 수 있다. 소셜 미디어에는 방문한 곳, 만난 사람과 먹은 음식, 나눈 대화와 경험한 일, 느낌과 기분을 일기처럼 시간 순서대로 술술 기록할 수도 있다. 새로운 장소가 주는 낯섦과 비일상성, 음식과 쇼핑, 특별한 경험, 다음 방문자를 위한 꿀팁 등 세분화된 지식 모두가 콘텐츠인 셈이다. 그래서 블로그와 온라인 맘카페, 각종 동호회 온라인 카페에는 장소 방문 (여행) 후기가 매일 올라오고, 사람들은 그를 통해 장소를 간접 체험한다.

간접 체험이라고 표현했지만, 소셜 미디어의 영향력은 상당하다. 아직은 텔레비전이 개인 의견에 미치는 영향력이 가장 큰 것으로 조사됐지만, 인터넷 포털과 소셜 미디어의 영향력이 그 뒤를 바짝 쫓고 있다. 다른 사람이 소셜 미디어에

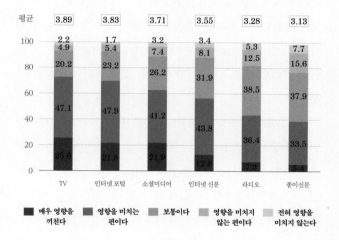

## 나의 의견에 대한 매체 영향력

| 평균 | 3.89 | 3.83 | 3.71 | 3.55 | 3.28 | 3.13 |

| | TV | 인터넷 포털 | 소셜미디어 | 인터넷 신문 | 라디오 | 종이신문 |
|---|---|---|---|---|---|---|
| 매우 영향을 끼친다 | 25.6 | 21.8 | 21.9 | 12.8 | 7.3 | 5.4 |
| 영향을 미치는 편이다 | 47.1 | 47.9 | 41.2 | 43.8 | 36.4 | 33.5 |
| 보통이다 | 20.2 | 23.2 | 26.2 | 31.9 | 38.5 | 37.9 |
| 영향을 미치지 않는 편이다 | 4.9 | 5.4 | 7.4 | 8.1 | 12.5 | 15.6 |
| 전혀 영향을 미치지 않는다 | 2.2 | 1.7 | 3.2 | 3.4 | 5.3 | 7.7 |

■ 매우 영향을 끼친다  ■ 영향을 미치는 편이다  ■ 보통이다  ■ 영향을 미치지 않는 편이다  ■ 전혀 영향을 미치지 않는다

\* 한국언론진흥재단,《2021 소셜 미디어 이용자 조사》, 19쪽, 단위: 점, 퍼센트

써 놓은 여행기나 물건 사용 후기가 단순 읽는 재미에 그치지 않는단 뜻이다.

소셜 미디어 유저들은 다른 사람이 먼저 다녀온 경험을 보면서 그 장소가 가볍게 뒷산 오르듯 방문할 만한 곳인지, 기분 전환이 될 만큼 탁 트인 느낌을 주는지, 어린아이를 데리고 갈만한 곳인지, 어떤 음식을 먹을 수 있는지 등을 탐색한다.[45] 내가 가지 않았어도 누군가의 여행 얘기를 듣는 것처럼, 우린 그 장소에 대한 인상과 생각 그리고 이미지를 상상하게 된다. 소셜 미디어는 새로운 방문객을 유인하는 영향력을 행사하고 있다.[46] 어딘가로 떠나기 전에 검색창을 열고 그 장소를 검색하는 게 당연한 일이 됐다. 이젠 여행을 계획하는 단계에서, 달리 말하면 장소 탐색의 단계에서, 소셜 미디어 활용은 필수다.

소셜 미디어를 통해 장소 방문 후기나 감상을 남기는 일이 일상화된 이후 지방자치단체들도 같이 바빠졌다. 지역을 방문한 흔적이 온라인에 남기 시작하면서 지역별 관광 통계는 지자체가 눈여겨보는 통계가 됐다. '한국관광 데이터 랩'[47]은 지역별 관광 현황을 방문자 수와 특성뿐 아니라 소셜 미디어 언급량과 트렌드도 분석해 제시한다. 우리 지역의 인기 관광지가 어딘지, 맛집이 어딘지까지 신용카드 데이터와 내비게이션 데이터를 분석해 알려 준다. 이러한 지역 장소 방문 정보의 세밀함과 엄밀함 그리고 방대함은 지역 마케팅 전략을 세우는 데 유용하다. 하지만, 동시에 사람들은 우리 지역 장소의 매력이 어떻게 다른지, 솔직하게 말하자면, 우리 지역이 얼마나 인기 있는지를 비교할 수 있게 됐다. 관광 현황 통계는 부문별 점수와 등수가 매겨진 '장소 매력 성적표'다.

우리 지역이 몇 등인지 알만한 사람은 다 아는데 가만히 있을 수 없다. 방문한 사람들이 어떻게 알고 왔는지, 어떤 체험을 했고 무엇을 맛있게 먹었는지, 다음에 또 방문할 생각이 있는지 파헤쳐야 한다. 지역에 방문한다는 것은 관광객 유치를 의미하며, 이는 지역 내 소비 증가와 일자리 창출로 이어지기 때문이다. 소셜 미디어와 인터넷 포털을 활용한 장소 마케팅이 뜨거워졌다. 더 근사하고 눈길을 잡아끄는 콘텐츠로 방문객 수를 늘려야 한다.

사진이, 기억에 남을 이미지가 중요해졌다. 매일 콘텐츠를 고민하는 개인 소셜 미디어 유저들도 마찬가지다. '좋아요'와 팔로워 증가를 견인하는 멋진 콘텐츠는 사진에서 출발한다. 지역의 유명 장소들, 지역 홍보물과 관광 홈페이지의 지역은 일정한 방향의 아름다움을 지닌 채, 특정한 프레임에 담겨 인터넷 포털과 소셜 미디어에 전시된다. 이런 이유 때문일까, 도시와 장소, 지역을 알리는 지방자치단체 홈페이지와 사람들의 인스타그램, 블로그에 올린 사진들은 꽤 닮았다.

## '좋아요'가 쌓이면 장소를 잃는다

인스타그램과 블로그에서 더 많은 '좋아요'를 얻기 위해 우린 '모두 좋아할 법한' 장소를 찾고, '누구나 공감할 것 같은' 예쁜 이미지를 만든다. 적당한 품질과 납득할 만한 가격을 갖춘 기성품처럼, 내가 가본 장소들은 소셜 미디어란 판매대 위에서 비슷한 포즈로 진열돼 있다. 사진을 찍을 땐 뭔가 특별한 느낌이 있었던 것 같은데, 왜 내가 소셜 미디어에서 자랑한 장소들은 그저 그런 공간처럼 보일까.

국립국어원의 표준국어대사전은 공간을 "어떤 물질이나 물체가 존재할 수 있거나 어떤 일이 일어날 수 있는 자리"로 정의[48]한다. 존재의 위치와 사건의 발생을 가정한다는 면에서 공간은 가능성을 지닌 빈자리 혹은 여지room 라 할 수 있다. 그 가능성은 움직임이다. 축구 선수가 '공을 패스하면서 공간을 넓혀 간다'고 말하듯이, 공간은 이동하면서, 움직임에 의해 새롭게 생기고 확장된다.

공간이 움직임movement이라면, 장소는 정지pause다. 움직임 중에 정지가 일어나면 그곳은 장소가 될 수 있다.[49] 머물지 않고 스쳐 지나가면 장소가 되지 않는다. 스쳐 지나간 공간은 그저 점과 점의 연결, 거리distance일 뿐 '장소'로 인식되지 않는다. 움직임이 멈췄다는 면에서 이미 장소는 시간을 움켜쥔다. 멈춘 자리에서 보낸 시간이 그 공간의 목적이나 특징, 의미나 가치를 만들어 낸다. 흔히 '장소'를 '의미 혹은 가치가 담긴 공간'으로 정의하는데, 의미와 가치를 형성하는 데 시간이 필요하다는 면에서, 이 말 역시 시간이 장소를 만든다는 뜻이라 하겠다.

시간은 장소를 정의하는 데 중요하다. 공간에서 내가 가만히 있더라도, 공간과 나 사이에는 상호 작용이 일어나기 때문이다. 공간의 복합적인 사회문화적 의미를 탐구해 온 인본주의 지리학은 장소를 물리적 환경과 인간과의 상호 작용으로 이해한다.[50]

이러한 장소의 본질을 탐구해 온 에드워드 렐프는 공간에서의 활동이 만들어 낸 상징과 감정을 장소 형성의 중요한 요소로 여긴다. 장소가 물리적 환경 혹은 어떤 위치location 이상의 의미를 가지려면 다른 장소와 구분되는 어떤 특징이 인지돼야 한다. 그 특징은 물리적 형태나 외관이기도 하겠지만, 거기서 일어나는 일, 즉 사람들의 활동과 활동이 지닌 상징과 감정을 통해 구성된다.[51] 자연, 건물, 물건을 비롯한 물리적 환경, 사람, 사건과 정서까지 말이다. 이렇게 장소는 이런 요소들의 복합적 상호 작용의 결과물이다.

집 앞 공원에 가만히 앉아 있으면, 흙과 풀 냄새, 벤치와 그네의 촉감과 벗겨진 페인트칠, 오가는 사람들이 만들어 내는 소리 등 다양한 자극이 다가온다. 공간의 물리적 특성(땅, 사물, 건물 등이 가진 물질적 특성이나 기운)은 나의 오감을 통해 보이고, 들리고, 만져지고 느껴진다. 오감을 동원해 감각한 공간은 나에게 어떤 감정을 남긴다. 렐프는 이 과정을 애착이 생기는 과정이라 표현했는데, 공간에서 생성된 감정은 친근감이나 소속감 또는 좋아하는 마음이나 즐거움 등으로 다양하다. 물론 슬픔과 공포, 분노도 있다.

공간에서의 경험은 감정을 만들고 그것은 공간의 특성과 개성을 설명하는 중요한 요소가 되며 그곳을 떠나더라도 머릿속에서 꾸준히 재현되는 기억이 된다. 기억에 남은 '장소가 된 공간'은 의미가 있다. '여긴 내게 의미 있는 곳이야'라고 말할 때, '의미'는 기억과 감정의 복합체다. 공간이 지닌 물질과 물질의 특성, 그 안의 사람들, 분위기까지, 이 모두를 한꺼번에 느끼는 복합적이고 총체적인 경험에 기반해 비로소 장소는 인식된다. 그 인식에 기반을 두고 장소가 지닌 특성, 즉 장소성이 만들어진다.

결국 '장소성(sense of place 또는 placeness)'은 나와 공간 사이에 만들어진 관계의 결과물이라고 할 수 있다. 매일 지나는 골목이나 이미 알고 있던 곳이라 해도 어떤 사건을 통해 나와 관계가 만들어지면 그곳은 특별해지고, 새로워진다. 익숙하고 흔한 곳에서 낯설고 새로운 면을 찾아낼 때, 그 낯설고 새로운 면에 이름을 붙여 볼 때, 나와 그 장소는 관계를 맺게 된다.

장소는 공적이기도 하지만, 그 속성은 내밀하다. 장소는 감각으로 만들어지는 감정, 혹은 정서로 기억된다는 점에서 몸과 관련이 깊다. 초봄 쌀쌀한 밤 공원의 벤치는 누구에게나 딱딱하고 차갑지만, 좋아하는 사람과 나란히 앉아 이어폰을 나눠 낀 채 노래를 듣는 순간의 경험은 내밀하다. 몸은 체

온과 노랫소리, 숨소리가 섞인 장소를 감각한다. 그 경험 이후의 벤치는 더 이상 평범하지 않다. 장소와 관계를 맺은 것이다. 그 내밀한 감정과 감각을 기억하는 이에게, 그 공원과 벤치는 다시 찾아가 음악을 듣고 싶은, '장소'가 된다.

행동과 몸의 감각 그리고 감정이 장소를 규정한다는 면에서 장소성의 형성은 수행성에 근거한다. 나만이 느낀 내밀한 감정과 그 감정을 이끌어 낸 행동, 이 맥락에서 장소는 동사다. 우린 같은 장소에서 다른 사건을 겪고, 다른 걸 느끼고, 그래서 다른 이야기를 만들어 낸다. '장소-하다[52]'를 통해 장소는 정해진 기능, 목적에 얽매이지 않고 움직임과 감각이 섞인, 살아 있는 것이 된다. 즉흥적으로 변하고 때때로 다르게 감각되는 생명체처럼 장소는 형성될 수 있다.

하지만 느끼는 공간이나 살아 있는 공간은 쓰이는 공간이나 활용되는 공간으로 대체됐다. 느끼는 시간은 아깝고, 즉흥적으로 변화하는 공간은 활용 목적이 불분명한 낭비의 공간처럼 여겨진다. 그 어느 때보다도 장소성을 열심히 연구하고 '개발'하고 싶어 하는 요즘이지만, 도시들이 관심을 가져온 장소성 연구는 장소의 활용에 주목한다. 더 정확히 말하면 특정한 방향성을 지닌 활용에 주목한다.

아주 많은 사람이 '좋다', '멋지다', '즐겁다', '아름답다'고 엄지를 치켜올릴 수 있는 장소의 어떤 성격을 추구한다. 많

은 사람의 관심을 끌만한, 좋아할 만한, 즐겁고 긍정적인 감정
을 불러일으킬 만한 사건과 체험이 있는 그런 장소성을 추구
한다. 그 즐거움이 도대체 무엇인지, 어떤 실체를 가졌는지는
질문하지 않은 채 말이다. 이런 식의 즐거움과 매력은 소셜 미
디어의 발달로 확실하게 굳어졌다. 교통의 발달로 시공간은
확장되면서 또한 동시에 좁아졌지만, 이러한 시공간의 재조
직을 더 가속화한 것은 인터넷의 발달이다.[53]

　　파리와 뉴욕에서 느끼고 경험한 것, 그러니까 파리의
장소성과 뉴욕의 장소성은 페이스북과 인스타그램과 블로그
를 통해 흔해졌다. 그 장소에서의 감정과 즐거움, 특이한 분위
기와 정서는 그곳을 경험한 사람만의 것이 아니다. 수많은 사
람이 같은 장소성을 공유한다. 한 장소에 대한 엇비슷한 느낌
과 생각과 사진들이 온라인에서 계속 생산된다.

　　심지어는 저 먼 곳에 있는 파리의 장소성을 옥천이나
나주같이 뜬금없는 곳으로 가져와 재현하는 일도 흔해졌다.
'파리의 그 '갬성' 다 아시죠? 여기 똑같이 재현했습니다!' 이
런 투의 인테리어와 공간 조성은 더 이상 새롭지 않다. 옥천이
나 나주에서 파리의 장소성을 느끼는 건 가능할까? 이런 장소
성은 진짜 파리가 줄 수 있는 분위기와 감성, 장소적 독특함
일까?

　　렐프는 장소의 특성이 '팔리는' 시대가 이윤 창출을 위

한 가짜 장소성들을 만들어 냈다고 비판한다. 라스베이거스에는 이집트 피라미드와 파리의 에펠탑이 있고, 내가 사는 도시 쇼핑몰과 백화점은 피렌체, 소호 거리와 샹젤리제 거리를 건물 한가운데에 가져다 놓는다. 판에 박힌 이미지에 근거한 획일적 공간 구성은 키치kitsch하지만, 어떤 장소에 대한 공통의 감각을 일깨우려니 어쩔 수 없다. 다 아는 만큼 저속하거나 밋밋하고, 의미도 없지만, 그래도 이 장소가 무엇인지는 금방 알게 해야 한다. 방문객들이 그 장소를 한 줄로 쉽게 기억해야 하니까, '아, 거기, 뉴욕 센트럴 파크 같은 곳!' 이렇게 말이다. 그래야 쉽게 홍보할 수 있다. 방문이 이어져야 그 장소든, 그 장소 안의 물건이든 팔 수 있게 된다.

똑같은 방향성을 가지고 만들어진, 똑같은 방향성으로 인식되는 장소는 과연 살아 있는 것일까? 사람들은 장소에 꽤 관심을 가진 것처럼 보인다. 장소에 대한 엄청난 얘기들(여행 안내서, 관광 홍보물, 블로그 포스트와 인스타그램 해시태그 등)도 쏟아진다. 하지만, 사실 그것들이 살아 있는 장소는 아닌 것 같다. 렐프는 많은 장소들이 피상적이고 판에 박힌 이미지로 경험되고 있고, 결국 불명료한 배경으로만 있다고 지적하며, '장소성의 상실' 혹은 '무장소성[54]'을 주장한다.

획일성을 추구하는 공간 조성은 쉽게 드러나는 만큼 비판하기도 쉬운 듯하지만, 너무나 세련되게 조성된 요즘의 '무

장소성'은 콕 집어 비난하기 어렵다. 나와 멀리 떨어져 뉴욕 어디쯤 있던 레트로풍 카페는 이제 쉽게 우리 동네 골목으로 재배치된다. 노출 콘크리트와 리드미컬한 음악이 흐르는 레트로풍 카페 거리는 충분히 예쁘다. '독특하다! 특별한 감성이 있다! 힐링된다!'고 친구와 웃으며 얘기한다. 즐길 만한 특색을 잘 갖췄지만, 이게 이 공간만의 독특함인지, 이 공간의 정체성을 규정할 수 있는 진짜 특성인지 아닌지 잘 모르겠다. 나는 무엇을 느끼고 있는 걸까? 사람들은 헷갈린다. 이런 불명확함을 만드는 데 소셜 미디어가 한몫했다. 사람들은 공간과 관계 맺기를 멈추고, 그 공간이 제공하는 최상의 순간만 소비하고, 그 모습을 사진에 담아 전시하기에 바쁘다.

소셜 미디어 속 장소 전시는 사실 관객 혹은 다음 소비자를 위한 것이다. 지금 내 팔로워들이 필요한 것을 예리하게 짚어 전시해야 한다. 멋진 장소를 다른 사람들이 원하는 모습으로 제시해야 한다. '인증샷'과 '인생샷' 안에는 보여 주고 싶은 멋진 장소의 모습과 그걸 바라보는 나의 이야기가 있지만, 그것은 금방 파편화돼 흩어질 뿐이다. 내 사진과 해시태그와 짧은 블로그 글을 본 다음 방문자도 결국 같은 사진을 찍어 자신의 소셜 미디어에 전시할 테니 말이다. 새로운 이야기가 계속 만들어지지 못하는 장소는 결국 시들해질 뿐이다.

장소와 장소 경험의 본질적 특성을 찾으려는 노력이 없

어졌다. '좋아요'를 노리는 장소 얘기들 속에는 정작 장소가 없다.

## 지리적 능력은 장소를 만든다

소셜 미디어가 사진을 세상 끝까지 퍼나르면서 장소의 고유함이 사라졌다고 한탄할 수 있지만, 사실 이건 또 다른 기회일 수 있다. 소셜 미디어 속 사진이 늘 현장과 현실을 모사copy하고 똑같이 찍어 내기만 하는 것은 아니다. 사진의 어떤 특성을 활용하면 이 장소 상실감은 '공간을 생산'할 수 있는 설렘으로 전환될 수 있다. 도시 공간을 비판적으로 사유한 철학자 앙리 르페브르Henri Lefebvre는 공간이 그저 수동적으로 비어 있는 그릇이거나, (돈과) 교환 가능한 소비재로만 존재하는 건 아니라고 말했다. 공간은 그것을 발견하고 활용하는 사람을 통해, 그리고 그곳에서 일어나는 사건에 능동적으로 반응하는 일을 통해 새로운 공간으로 태어난다. 르페브르는 이러한 공간의 특성을 '공간이 생산에 개입한다'[55]고 표현했다.

공간이 능동적이고 살아 움직이는 존재라면, 그리고 그 안에 있는 나와 만들어진 사건에 반응하면서 특별하고 새로운 공간으로 바뀐다면, 우린 그 결과를 사진과 글로 남겨 둘 수 있다. 사진을 활용하되 다른 시각과 방법론을 결합한다면, 소셜 미디어가 창궐한 온라인 공간 안에서도 새로운 장소성을 만들어 낼 수 있다는 말이다. 그 장소성은 지극히 사적인 것일 수도, 탄성이 나오게 아름다울 수도, 괴상하고 신기할 수도, 혹은 아예 예상하지 못했던 즐거움일 수도 있다. 사진으로 인해 장소성을 잃었다고 더 이상 사진을 찍지 않을 것인가? 인스타그램과 블로그를 포기할 것인가? 아니, 당신은 이미 찍고 쓸 준비를 하고 있다.

작곡가이자 피아니스트인 루도비코 에이나우디Ludovico Einaudi는 지난 2016년 북극해에서 특별한 연주를 선보였다. 'Elegy for the Arctic', '북극을 위한 비가'란 제목의 짧은 피아노 곡이 연주됐다.[56] 연주 직전, 빙하는 천둥 치는 소리를 내며 녹아내린다. 에이나우디는 손을 풀다 말고 그 소리에 깜짝 놀라기도 한다. 가느다랗고 애절한 연주가 이어지는 동안에도 북극의 빙하는 '쩡' 소리를 내며 갈라지고 무너진다. 다른 어떤 설명이 없어도 이 3분짜리 연주 영상은 많은 감정과 이해와 설명을 들려준다.

에이나우디가 북극이 아니라 예술의 전당에서 이 곡을 연주했다면 과연 같은 감정과 이해를 불러왔을까? 그가 아무리 기후 위기와 사라지는 북극 생명체들에 대한 비통한 마음을 담아 연주한다고 해도 안락한 예술의 전당 관람석에서는 그 감정을 느끼지 못했을 것이다. 그의 '비가'가 진짜 비통함과 슬픔, 분노를 가져오게 한 건 장소 몫이 크다. 바로 그 북극에서, 빙하가 쩡쩡 갈라지는 소리에 놀라고 두려워하면서 연주했기 때문에 우리에게 전달되는 메시지가 비로소 완성된다. 이 퍼포먼스는 장소의 힘, 그 장소가 지닌 독특함, 즉 장소성을 예술 매체로 활용해 메시지를 전달했다.

프로페셔널한 예술가만이 장소의 힘, 장소성을 예술적 매체와 연결해 메시지나 감정을 전달할 수 있는 것은 아니다. 우리는 사실 스마트폰을 든 잠재적 사진작가가 아닌가. 오늘 아침에도 카페에 들러 독특한 무늬의 라테 거품 사진을 찍었고, 인스타그램 스토리에 등록했고, 팔로워로부터 '좋아요' 하트를 받았다. 내가 그 카페에서 느낀 감정을 전달하고 싶어서 사진을 찍었고, 전시했고, 그리고 관객으로부터 인정받았다. 이는 아주 간단하고 명쾌한, '예술이 될뻔한' 활동이다.

전형적 이미지의 복사와 확산이 아니라, 내가 장소에서 진짜 느낀 걸 전달하고 싶다면 어떻게 해야 할까? 북극을 그저 얼음 덩어리 섬으로만 보지 않는 시각과 함께 공간에 발생한 사건의 의미를 잡아채는 능력이 필요하다. 렐프는 이런 역량을 '지리적 능력'[57]이라고 불렀다. '지리적 능력'은 일종의 인지 능력이나 상상력이다. 우리 사회 안의 모든 존재는 사회적 의미의 관계망 안에 있고, 그 관계망 안에서 해석된다는 '사회학적 상상력'이라고 말할 수 있겠다. 어떤 장소에 있는 한 사람은 그저 홀로 존재하는 사적 존재 같지만, 그 사람은 자신과 연결된 수많은 사회적 관계를 그 공간으로 끌고 온다. 공간도 마찬가지다. 하나의 공간은 오랜 시간 쌓아 온 물리적, 환경적 변화뿐 아니라, 복잡하고 다양한 사회적 의미도 지닌다. 한 사람이 아니라 그를 둘러싼 거대한 세계가 그 공간 안에 들어찬다는 것, 그 공간 역시 역사와 환경과 사회적 의미를 품은 또 하나의 거대한 세계라는 것을 인지해야 한다. 그 두 거대한 세계가 마주치는 장면을 인지하는 능력, 두 세계가 만나 생긴 독특한 정동을 느끼는 능력이 '지리적 능력' 아닐까?

전문적이고 어렵고, 비싼 용어들로 만들어진 역량처럼 느껴지지만, 사실 우선 필요한 건 '가장 솔직해진 나'다. 나의 솔직한 모습과 위치를 아는 것이 지리적 능력에 꼭 필요한 시각을 갖는 출발점이기 때문이다. '나는 왜 이곳이 좋지, 혹은 싫지?' '왜 저곳에 가고 싶을까?' '왜 가기 싫을까?' '왜 여기 오면 어떤 단어나 노래, 사람, 냄새 혹은 기억이 떠오르지?' '내가 여기서 하고 싶거나 느끼고 싶은 건 뭐지?' 따위의 질문에 솔직하게 답해 보는 것이 필요하다. 여행안내서와 누군가의 블로그 감상문이 강요하는 느낌, 꼭 해야만 한다고 제안된 액티비티가 아니라, 내가 느끼는 것을 확실하게 찾으려는 노력이 필요하다는 뜻이다. 느끼지 못한다면 그 장소는 존재하지 않는 것과 같다.

나 자신을 이해하고, 내가 원하는 것을 정확히 알면 비로소 시각이 생긴다. 그때서야 회색 도시 공간에 숨겨져 있던 색깔이 드러난다. 이걸 도시의 '개성'이나 '이면'이라고 부를 수도 있다. 익숙한 것들이 달리 보인다면 우린 공간에 대해서 나만의 질문을 할 수 있다. '이 오래된 극장 앞엔 왜 교회에 있을 것 같은 벤치가 놓여 있을까? 어색하고 이상하다.' '원래 아파트 사람들은 인사도 잘 안 하는데, 왜 이 아파트 놀이터엔 다양한 사람들이 모여 수다를 떨까?' '이 골목엔 능소화가 왜 이렇게 많이 피었을까? 무엇이 없어지고 능소화가 남은 걸까, 아니면 무엇을 감추기 위해 능소화가 있는 걸까?'

공간의 사연을 묻고, 감각을 열고 솔직하게 사연을 듣는 것, 이러한 장소 경험은 창의성이 발휘된 일종의 탐구 활동이다. 탐구 활동이 신나고 재밌으려면 미리 느낄 감정과 체험할 사건들을 정하지 않는 게 좋다. 알프스에 올라 푸르고 투명한 하늘을 바라보면서 '누구든 그 시린 하늘을 보면 눈물을 훔치거나 오금이 저린다'고 어디선가 읽은 글을 떠올리지 말고, 내가 온 이유를 먼저 생각해 보자.

사실 장소와 나의 관계는 내가 사람들과의 관계에서 느끼는 것만큼이나 다양하다. 때론 신나고, 설레고, 유쾌하겠지만 화가 날 수도, 불쾌할 수도 있다. 알프스는 감동만 선사하지 않을 테니까. 이 모든 경험과 느낌을 미리 정하지 않고 열어 두고 기다리는 자세가 '지리적 능력'이다. 누군가와 친밀하고 깊은 관계를 맺을 때처럼, 상대(장소)에 다가가기 위해서는 내가 어떤 사람이고 무엇을 원하고 있는지, 상대를 존중하면서 탐구할 준비가 되어 있는지 등을 점검하며 자제를 갖추는 것이 필요하다.

장소의 본질에 다가가는 것, 장소와 관계를 맺는 것은 결국 나 자신이 무엇을 좋아하고 싫어하는지 알 기회다. '지리적 능력'을 나와 세계에 대한 '탐구 자세'라고 달리 표현할 수도 있다. 스마트폰을 들고 처음 보는 건물의 특이한 외벽을 찍기 전에 자신이 선 위치를 생각해 보자. 카메라의 초점을 조절해 원하는 대상을 집중 조명할 때처럼, 이 공간을 보고 있는 자신의 초점이 어디에 있는지 생각하면 공간을 더 잘 감각할 수 있다. '이 건물 앞에 선 나는 누구인가?'

어떤 장소에 들러 사진을 찍고 짧은 글을 붙여 블로그에 올릴 때, 사람들은 대부분 관광객 아니면 거주자가 된다. 밖에서 들어온 사람 아니면, 안에 이미 사는 사람. 이렇게 장소와 나와의 관계는 딱 두 종류밖에 없는 걸까? 이도 저도 아니거나, 안과 밖에 걸쳐 있거나, 아예 사람 아닌 식물 혹은 지구인이 아닌 외계인이면 안 되는 걸까?

정해진 시각에서 벗어나 그 장소의 특이함을 찾으려면 나의 위치를 달리해 보는 것, 혹은 진짜 내 위치를 찾는 것이 필요하다. 시원한 맥주 한 잔이 절실한 퇴근길 직장인의 위치에서 도시를 감각할 때와 지금 내 옆구리에 등을 부비는 강아지의 시선에서 도시를 느끼는 것은 많은 차이가 있을 것이다. 어쩌면 내 진짜 위치는 강아지의 시선이나 감각에 더 가까울 수도, 멀리 필리핀에서 일하러 온 이주 노동자의 그것과 같을 수도 있다.

사진은 이미 있는 대상을 촬영하는 것이다. 그렇다 보니 사진은 실재를 그대로 옮기기만, 정말 '잘 찍어 내기만' 하면 될 것 같다. 사진에 찍힌 존재 자체가 이미 익숙한 만큼, 설명할 필요가 없을 것 같다는 말이다. 하지만, 사진은 색다르면서도 새로운 분위기를 느끼게 한다. 사진이 예술일 수 있는 이유다. 익숙한 존재지만 낯선 느낌을 주는 것, 그래서 두렵고 신기하고, 예측하지 못했던 감정을 불러오는 것. 예술가들은 그것을 '언캐니uncanny'란 단어로 설명한다. 익숙한 것은 그 뒤에 숨겨진 낯설고 편치 않은 것들과 중첩돼 있다. 이러한 모순과 중첩이 사진을 통해 드러날 때, 사진 속 익숙한 대상은 언캐니해진다. 사진을 통해 장소는 새로워지고 특성을 갖게 된다. 익숙했던 장소에 색다른 감각이, 장소성이 생긴다.

매일 보는 건물과 골목, 공원과 산책길 그리고 사람들을 어떤 시각으로 어떠한 방법으로 사진에 담아 내는가에 따라 장소는 새롭게 드러나고 만들어질 것이다. 내가 찍어 올린 사진과 글 포스팅이 어떤 팔로워의 '푼크툼punctum[58]'을 자극

할 수 있다. 한 장의 사진과 100자의 글이지만, 읽는 사람에 따라 다 다른 푼크툼이 생겨난다면, 100개, 1000개의 장소감이 만들어진다. 그때 하나의 장소는 두껍고 풍성한 장소성을 가진 것으로 다시 태어난다.

# 3

언제부터 대전은
'노잼도시'였나

대전은 세종특별자치시와 충남 공주시, 충북 청주시 등과 접해 있고, 서울까지는 167.3킬로미터, 부산까지 238.2킬로미터, 광주까지는 169킬로미터 떨어져 있다. 대전에서 출발하면 어디든 웬만하면 3시간 이내 도착한다는 말이 있을 정도다. 남한의 중심이라 해서 '중도'라고도 불린다.[59] 1949년 대전부에서 대전시로 개칭된 때 35.7제곱킬로미터였는데, 주변 읍면 지역이 계속 편입되고 확장되면서 현재 539.5제곱킬로미터의 면적이 됐다.[60] 대전시 면적은 가장 큰 안동시(1522제곱킬로미터)로부터 45번째로, 경기도 안성시(553.4제곱킬로미터)나 충남 아산시(542.18제곱킬로미터)와 비슷하다.[61]

대한민국의 딱 중간에 있어 교통이 편리하다는 것 외에 대전이 가진 장점은 '살기 괜찮다'는 것이다. 한국갤럽이 2019년 조사한 '우리나라에서 가장 살고 싶은 도시' 조사 결과에서 대전은 서울과 부산, 제주에 이어 4위를 차지했다. 2023년 4월 행정안전부가 발표한 '2022년 지방자치단체 합동 평가 결과'는 이를 다시 확인해 준다. 대전은 보건, 삶의 질, 환경과 행정 역량 등 99개 지표 평가에서 3년 연속 상위에 올랐고, 정성 평가 면에선 서울과 부산을 제치고 1위에 올랐다.[62]

하지만 살기 좋다는 대전도 여느 지방 도시처럼 인구가 줄고 있다. 2013년 주민 등록 인구 153만 2000여 명으로 정점을 찍은 이래 인구는 계속 줄었다. 2023년 7월 현재 144만 4000여 명의 시민이 대전에 살고 있다. 전입 인구에서 전출 인구를 뺀 수를 '순이동'이라 한다. (그러니까 전국 순이동은 0이다.) 대전을 전입지로 한 순이동은 계속 '마이너스'다.[63] 다른 지역으로 이사 나가는 사람들이 대전으로 이사해 오는 사람들보다 많다. 살기 좋다는 건 계속 확인되는데, 살겠다고 오는 사람은 늘지 않는다. 왜 그럴까? 진짜 대전은 심심하고 재미없는 도시인가?

## 지인이 대전에 온다는데, 어떡하지?

시작은 알고리즘이었다. "지인이 '노잼의 도시' 대전에 온다! 어쩌면 조아?"라는 질문에 한 소셜 미디어 유저는 귀여운 손글씨로 그린 알고리즘 순서도로 해결 방안을 찾았다.[64]

몇 명의 지인이 오든, 집에 초대할 수 있든 없든, 지인이 매운 음식을 즐기든 말든, 결국 '다음에 뭐하지?'란 궁극의 난처함에 도달한다. 알고리즘 순서도의 도착점은 결국 '성심당 들리고, 집에 보낸다!'였다. 이 사진은 모방과 확산을 거듭한 끝에 급기야는 대전광역시 공식 페이스북[65]에도 등장했다.

'노잼의 도시 대전' 알고리즘의 영향력은 소셜 미디어에만 머물지 않았다. 언론은 대전이 노잼의 도시가 된 이유를 전문가들의 인터뷰에 기대 탐구했다. 서울 및 수도권과 별 다

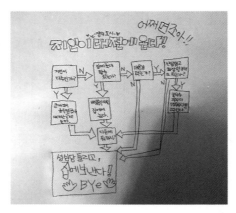

〈알고리즘으로 풀어본 지인이 대전에 온다면…기승전성심당?〉
ⓒ《중도일보》, 2017.4.10.

를 바 없는 지역색과 바다 혹은 산 등 특색 있는 자연환경이 없다는 점[66] 등이 그 이유로 꼽혔다. 대전광역시장은 2019년 대전 방문의 해를 맞아 '노잼' 이미지를 벗어나겠다[67]고 강조하기도 했다. 누가 정해준 것도 아닌데, 대전이 '노잼의 도시' 이미지를 가지게 된 건 골칫거리 같았고, 2022년 봄 치러진 전국 동시 지방 선거에서도 '대전의 노잼도시 이미지 탈출'은 지방자치단체장 후보들의 중요한 정책 어젠다가 됐다.

　대전이 노잼이 된 이유는 뭘까? 부산이나 광주처럼 두드러지는 사투리나 지역색도 없고, 경포대나 지리산 같은 자연 관광 자원이 없어서일까? 사람들은 대전이 노잼이기 때문에 이미지에 타격을 입고, 관광 경쟁력이 떨어진다고 진지하게 호들갑을 떨었다. 하지만, 정작 '노잼'과 대전 사이 연계성과 내용을 상세히 파헤친 적은 없었다. 대전이 '노잼도시'로 불리는 현상의 본질은 무엇일까?

소셜 미디어 밈meme으로 시작했으니 소셜 미디어를 파봐야 했다. '노잼의 도시 대전'이란 말은 대전에 대한 일종의 지식이자 인식이다. 그 지식과 인식이 어디에서, 어떻게 생겨난 것인지 알아야 했다. 이런 연구 질문을 던졌다, '소셜 미디어 텍스트에 언급된 '노잼도시'는 무엇일까?' '대전과 '노잼도시'는 어떤 관계가 있는 걸까?'

소셜 미디어에 사람들이 아무렇게나 쏟아 낸 엄청난 양의 말을 컴퓨터 프로그램으로 긁어모아(크롤링) 형태소별로 분류, 분석해 보기로 했다.[68] 분석을 위해서는 일반적으로 문장 속 명사, 형용사와 동사를 추출해 정제한다. 가장 자주 쓰인 단어는 무엇인지, 어떤 단어가 얼마만큼의 무게감을 가지고 사용되는지 살펴본다. 단어끼리 어떤 관계를 맺는지도 살핀다. 단어 사이 관계는 문장을 형성하고 이야기를 만들어 낸다. 몇 개의 이야기가 모이면 그 문서의 주제가 드러난다. 사람들은 소셜 미디어에 그냥 말을 뱉는 경우가 많지만, 이런 '텍스트 마이닝'의 과정을 거치면 어수선한 말과 이야기들 속에 확실한 규칙과 의도가 있음을 알게 된다.

"노잼 (띄고) 도시"를 검색어로 블로그 문서를 크롤링했다. 사람들은 소셜 미디어에서 '노잼 도시'와 '노잼도시'를 혼용해서 쓴다. 어떤 경우엔 '노잼의 도시 대전'이라고 초기 임의 말을 그대로 쓰기도 했다. 텍스트를 작성한 목적이 '노잼'을 강조하는 것이라면, '노잼'과 관련한 문서들도, '노잼 도시'를 모두 포함한 문서들도 다 모아 봐야 했다. '노잼' 자체가 어떤 단어들과 관계해 새로운 의미를 만들어 내는지를 보고, 그 단어 자체의 성질과 특성을 파악했다. 문서 수집 키워드는 '노잼 도시'를 사용했다. 크롤링 키워드로는 '노잼 도시'를 썼지만, 어떤 장소성을 의미하는 말인 '노잼도시'는 일종의 고유 명사다. 이 책에서 도시의 특성이나 이미지를 뜻하는 '노잼인 도시'의 장소성을 의미하고 싶을 때는 '노잼'과 '도시'를 붙여 '노잼도시'로 쓴다.

2015년부터 2021년 8월까지 생산된 블로그 포스트를 대상으로 텍스트 마이닝을 진행했다. 쌍방 소통에 중점을 둔 SNS는 인맥 관리와 유지가 중요하다. 트위터[69]는 짧게 자신의 의견을 피력하고 같은 생각을 하는 사람들과 신속하게 공유하고 피드백을 받는다. 글자 수 제한과 오래된 트윗은 보관하지 않는다는 기술적 특성으로 인해 트위터 텍스트는 이슈 중심 혹은 시급성을 특징으로 한다. 인스타그램은 텍스트보다 이미지 중심이며, 해시태그 검색을 통해 원하는 이미지를 검색하는 데 활용되는 경우가 많다. 이미지 중심이다 보니 전시 효과와 과시에 방점이 찍힌다는 특징이 있다.[70] 블로그는 '좋아요'나 '리트윗' 등의 즉각적 반응보다 개인의 서사를 만들어 내는 데 더 치중하는 편이다. 한국의 블로그가 서구처럼 개인 콘텐츠를 적극적으로 생산한다고 보긴 어려워도, "개인화된 공간으로서 감성적 자기 표현과 의미 세계의 기록이 선명하게 드러나는 일상의 공간[71]"임은 분명하다. 블로그는 편집되지 않은 자신의 이야기나 정보 등을 자유롭게 기록하는 일기 형태의 미디어다. 포스트 수는 2021년 12월 3000만여 개에 이르며, 이용자의 70퍼센트가 20~30대다.[72] 블로그는 장소 경험이나 기억, 생각을 드러내는 데 사용되는 경우가 많아[73], 연구 대상으로 적합했다.

2017년 4월, '노잼도시 알고리즘'에 대한 첫 언론 보도가 있었다. 2015년 1월 1일부터 블로그에 쓰인 텍스트를 크롤링했다. 6년 8개월 동안 생산된 블로그 포스트 중, 중복 문서를 제외하고, "노잼 도시" 검색어를 포함한 문서 5875개를 최종 분석 대상으로 결정했다. '노잼 도시' 문서는 2015년엔 336개, 2019년엔 1037개, 2021년 8월엔 1042개로 점차 증가하는 추세를 보였다. 최종 분석 대상 형태소 4만 1704개다.

## 비로소 완성된 밈, 노잼도시

하나의 문서 안에서 어떤 단어가 자주 등장하면 대체로 중요한 단어일 경우가 많다. 강조하고 싶을 때 우린 한 단어를 여러 번 얘기하지 않나. 그래서 텍스트 마이닝에서는 문서에 쓰인 단어의 빈도를 측정한다. 하지만 단순히 많이 등장한다고 해서 중요한 단어는 아니다. 한 문서에 쓰인 단어의 단순 빈도 Term Frequency뿐 아니라, 문서마다 계속 등장하는 단어의 역수 Inverse Document Frequency를 구해, 단어의 무게감(TF-IDF·Term Frequency-Inverse Document Frequency)[74]을 측정한다. 일반적으로 쓰이는 단어를 거르고, 맥락상 진짜 중요한 단어를 찾아내는 것이다. 2015년에서 2021년 8월까지 '노잼 도시' 키워드를 포함한 5875개의 문서에서 가장 빈번하게 등장한 단어는 '대전'이었다. 모두 2만 974회 쓰였다. 단순하게 쓰인 빈도만 봤을 때 두 번째로 많이 쓰인 단어는 '사람'으로 1만 4377회, 그리고 그다음으로는 '생각'이 1만 2030회 쓰였다. '여행'이나 '사진' 그리고 '맛있다' 등도 자주 쓰인 단어 10위 안에 들었다.

  '대전'이 '노잼 도시'를 포함한 문서에서 가장 자주 등장한 단어이긴 하지만, 그건 단순 출현 빈도에 불과하다. 진짜 대전이 중요한 단어인지를 TF-IDF 값을 통해 확인했다. 특히 연도별로 문서에 쓰인 단어들의 무게감을 측정했을 때, 의미

있게 쓰인 단어들의 변화를 파악할 수 있었다.

　　2015년에 작성된 '노잼 도시' 블로그 텍스트에는 '게임'과 '사람'의 비중이 크고 '영화'도 중요한 단어로 쓰인다. '독일'이나 '호텔' 등도 눈에 띈다. '노잼 (띄고) 도시'로 문서를 검색했기 때문에, 노잼인 게임과 노잼인 도시 베를린이 포함된 문서가 크롤링된 것이다. 2016년과 2017년에도 일반적으로 블로그에 많이 등장하는 단어인 '생각'과 '사람'이 비중 있게 쓰인 가운데, 영화와 여행의 비중이 커졌다. 2018년엔 처음으로 '대전'이 등장한다. 하지만, 아래 워드 클라우드에도 보이듯, 2018년에 등장한 대전의 비중은 아주 작다. 이때까지도 '노잼 도시'가 포함된 블로그 문서들은 세상 모든 재미없는 것들에 대해 이야기하고 있다고 해도 과언이 아닐 만큼 다양한 것들을 이야기하고 있다. 재미없는 사람(친구), 시간, 생각, 게임, 영화, 여행(지) 등 여러 이야기가 난립했지, 특정 사건이나 사람 혹은 장소는 큰 비중을 차지하지 못했다.

　　2019년부터는 달랐다. 블로그 유저들의 '노잼 도시' 포스팅에 큰 변화가 감지됐다. '대전'이 블로그 텍스트의 가장 무게감 있는 단어로 등장한 것이다.

　　2019년 '노잼 도시' 블로그 텍스트에서 '대전'이 차지하는 무게감은 약 0.0172로 나타나는데, 이 값은 2위인 '사람' 0.0068의 두 배 이상 크다. 2019년에 등장한 단어 '대전'

2018년(상)과 2019년(하)'노잼 도시' 블로그 텍스트 주요 단어 클라우드[75]

의 중요성은 시간이 흐를수록 커졌다. 2020년엔 0.0256이었고, 2021년 8월엔 0.0279로 2위인 '카페' 0.0071과 큰 차이를 보였다.

블로그 유저들은 '노잼 도시' 키워드가 들어간 문서를 쓰면서 2019년부터 대전을 가장 중요하고 무게감 있는 단어로 사용했다. 어딘가를 방문한 이야기가 주를 이루는 경우가 많아, '여행'과 '사진', '카페'와 '커피' 등이 함께 쓰였지만, '대전'의 의미는 다른 주요 단어에 비해 압도적으로 크다. '대전'을 쓰지 않고는 '노잼 도시' 관련한 포스팅을 하지 않았다고 봐도 될 정도다.

그렇다면 구체적으로 블로그 유저들은 어떤 얘기를 한 걸까? '대전'을 그렇게 자주, 중요하게 사용하면서 '노잼 도시'에 대해 어떤 얘기를 한 걸까? 토픽 모델링Topic Modeling은 모래알처럼 흩어진 말에 숨어 있는 주제를 찾아내 준다. 기계 학습을 통해 연구자가 설정한 수만큼 주제를 뽑아내고, 그 주제를 형성하는데 기여한 주요 단어들을 주제에 맞춰 추려 낸다. 추려진 단어들을 보면 그 주제가 어떤 이야기인지 알 수 있다. 또한, 어떤 주제가 전체 문서에서 얼마만큼의 비중을 차지하는지도 계산해 낼 수 있어, '노잼 도시'라는 큰 주제를 구성하는 세부 이야기 주제들이 시간이 흐르면서 얼마만큼의 비율을 차지하게 됐는지도 알 수 있다.

2015년에서 2021년 8월까지 작성된 '노잼 도시' 블로그 텍스트에서 유사도coherence 검증을 통해 여덟 개의 토픽을 도출했다. 5875개의 텍스트에서 가장 큰 비중을 차지하는 이야기 주제는 여행이었다. 수집된 모든 문서에서 가장 큰 점유율을 보이는 토픽5는 보편적인 여행 이야기다. 구성하고 있는 단어들을 보면, '친구와 여행하면서 예쁜 사진을 찍고, 맛

있는 걸 먹는 이야기'가 핵심임을 알 수 있다. 그다음으로 큰 비중을 차지하는 토픽0은 '노잼(도시)인 대전 혹은 울산에 가서, 느낌 있고 예쁜 카페에 들러 사진을 찍고 친구와 시간을 보낸다'는 얘기다. 세 번째로 비중이 큰 토픽은 토픽7인데, 역시 노잼(도시)인 대전을 여행하며 성심당과 카페, 공원에 들러 시간을 보내는 것으로 구성돼 있다. 종합적으로 점유율이 가장 높은 주제는 일반적인 여행 얘기였지만, 뚜렷하게 드러난 주제는 '대전으로의 여행'이다. 노잼의 도시인 대전에 가서 성심당에 들르거나 예쁜 카페나 공원 가보는 것이 노잼 도시 블로그 텍스트의 가장 뚜렷한 특징이라고 할 수 있다.

뚜렷하게 드러난 주제를 보는 것보다 더 흥미로운 것은 시간의 흐름에 따라 개별 토픽의 비중이 어떻게 달라지는가다. 소위 토픽의 '흥망성쇠'를 볼 수 있다. 2015년 이후 노잼 도시에 대한 블로그 유저들의 토픽은 어떻게 뜨고 질까? 무슨 이야기가 뜨고 사라질까? 여덟 개의 토픽을 담은 문서들이 전체에서 얼마나 비중을 차지하는지 점유율을 계산하고, 연도별로 비율이 가장 높은 토픽을 볼 수 있도록 그래프를 그려 봤다.

일반적인 여행 얘기는 2018년까지 '노잼 도시' 블로그 텍스트에서 가장 높은 점유율을 보이면서도 계속 그 점유 비율이 상승하던 주제였다. 2018년엔 정점을 찍었다. 하지만,

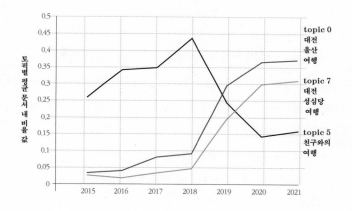

### 2015~2021년 노잼 도시 텍스트 토픽 0, 5, 7의 점유율 변화

topic 0
대전
울산
여행

topic 7
대전
성심당
여행

topic 5
친구와의
여행

2019년부터는 블로그 유저들이 '노잼 도시' 포스팅을 하면서 대전 여행을 언급하기 시작했다. 친구와의 여행에서 사진 찍고 맛있는 음식을 먹은 평범한 이야기가, '노잼의 도시인 대전에 가서 성심당 들르는' 구체적인 여행 이야기로 변한 것이다. 2019년부터는 다른 토픽들의 점유율도 하락세다. 2018년까지는 대전을 주제로 한 노잼 도시 포스트 점유율이 너무나도 미미했다. 그러다가 2019년에 폭발적으로 증가한 걸 보면, 2019년은 '노잼 도시'와 '대전'이 확실히 연계된 결정적 해라고 말할 수 있다. 노잼 도시에 대한 블로거들의 이야기는 대전을 언급하는 이야기로 굳어졌다.

왜 2019년일까? 2019년은 대전시 출범 70주년을 맞는 동시에, 광역시 승격 30주년이 되는 해였다. 대전시는 이를 기념하기 위해 2019년을 대전 방문의 해로 정하고 선포식을 열기도 했다, 서울 광화문 광장에서.[76] 서울 한복판에서 대전 방문의 해를 선포함으로써 대전시는 언론의 조명을 얻어 냈을 뿐 아니라, 소셜 미디어 유저들의 관심도 끌었다. 아는 사람만 알던 '지인이 대전에 온다는데 어떡하지' 알고리즘은 이 시기, 강력한 확산 동력을 가진 밈이 됐다.

확산의 동력은 우선 소셜 미디어의 속성 그 자체에 있었다. 밈은 모방을 거치며 문화 현상을 만들어 내는 특징이 있는데[77], 밈의 모방과 확산 과정에 참여하는 것이 소셜 미디어 유저에겐 일종의 '미디어 의례 참여'가 된다. 알고리즘을 통해 알려진 '노잼의 도시 대전'이란 기호와 상징을 소셜 미디어 이용자들은 상호 교류하면서 소통한다. 게시물과 댓글로 소통하는 이들에게 '노잼의 도시 대전 방문 밈' 복제와 확산은 일종의 트렌디한 소통 방식이자 내용 그 자체다. 그래서 대전을 방문하고, 그 결과를 자신의 소셜 미디어에 다시 전시하고, 그 게시물에 공감을 얻어 낸다. 마치 성지순례처럼 밈의 발원지인 대전을 찾아 '노잼'을 확인하고, 그 결과를 가지고 자신만의 밈을 만들어 널리 퍼트리는 것이다.

밈의 복제와 확산이란 미디어 의례 참여를 이끄는 또 다른 동력은 일종의 감정, 특히 유머다. 이 밈에는 난처함과 부끄러움이 있다. '대전엔 자랑할 만한 게 없다는 걸 지인에게 들킬 것 같다'는 식이다. 일종의 자기 비하적 유머가 밈에 섞여 있다. '내가 사는 도시를 다른 도시 사람에게 내놓기 부끄럽다'는 생각은 자기 비하적 웃음만 만드는 게 아니다. 그 지인에게도 일종의 조롱거리를 만들어 준다. '이렇게 재미가 없으면서, '대전 방문의 해'를 선포하고, 감히 놀러 오라고?' 이런 식의 조롱도 일종의 유머 코드가 되면서 밈의 확산 동력이 됐다. '놀이와 웃음의 원리를 통해 수행되는 미디어 의례'라는 특징은 이용자들이 상호 작용을 지속할 수 있는 실질적 힘이다.[78]

### 성심당 빵과 칼국수만 먹고 떠나는 사람들

사람들은 노잼인 도시 대전을 놀리려고 의례에 참여한다. 밈의 감정과 유머를 공유하며 대전을 방문한다. 이후 새로운 정보를 덧붙여 게시하면서 이 놀이는 확대, 재생산된다. 이러한 맥락에서 2019년 이후 대전은, 적어도 블로그의 세계에선, '노잼'이라는 장소성을 획득했다. 사람들은 노잼도시를 놀리는 놀이에 가담하기 위해서 대전에 실제로 방문한 것으로 보인다. 텍스트에 사용된 주요어 중엔 구체적인 방문지들이 상당히 많았다.

그럼 이들은 대전에 와서 무엇을 하고, 무엇을 느꼈을까? 텍스트에 사용된 주요 단어들의 연결 관계를 분석하면 (연결망을 도출하면) '노잼 도시' 블로그 텍스트가 어떤 이야기 구조를 띠고 있는지 알 수 있다. 어떤 단어가 이야기를 주도하는 핵심어인지, 그 핵심어를 둘러싼 다른 단어들은 무엇이고 서로 어떻게 연결돼 이야기를 만들고 있는지 알 수 있다는 것이다.

핵심어를 찾아내고 관계망을 도출하는 여러 방법을 사용했지만, 주로 페이지랭크PageRank를 활용해 결과를 해석했다. 기본적으로 핵심어를 찾는 방법은 텍스트 안에서 '어떤 단어가 어떤 단어와 동시에 출현하는가'를 보는 것이다. 함께 등장하는 단어들 사이에는 관계가 있다. 페이지랭크 방법은 단지 동시 출현의 빈도만을 보는 것이 아니라, 단어들끼리의 연결 구조를 통해 중요도를 평가한다. 책을 읽으며 밑줄을 긋고 동그라미를 치듯, 글을 따라가다 보면 결국 핵심적인 단어로 요약되고, 귀결된다. 따라서 페이지랭크는 텍스트 안에 쓰이는 핵심적인 단어, 중심이 되는 (중심성 값이 큰) 단어를 찾아 주는 것과 동시에 텍스트 구조에 있는 일종의 방향성을 보여 준다.

2015년에서 2018년까지의 '노잼 도시' 블로그 텍스트는 영화와 게임을 중심으로 짜여 있다. 재미있고 혹은 재미없는 무언가를 얘기할 때, 블로그 유저들은 영화를 가장 많이 핵심적으로 언급했다. 어떤 대상을 얘기하더라도 결국 '영화' 얘기를 했다고도 말할 수 있다. '영화'는 2015년엔 중심성 값이 상위에 기록되지 못했지만, 2016년부터 중심성 값이 커지면서, 2018년엔 가장 핵심적인 단어가 됐다. '게임'도 중요한 핵심어다. 2018년에 '영화'에 밀리긴 했지만, '게임'은 재미없는 것 중 가장 중심성 높은 단어였다.

영화, 게임과 관련 있는 단어들이 영화와 게임을 둘러싼 그룹을 형성한다. 2017년 페이지랭크 결과를 시각적으로 나타낸 그림을 보면, '게임'과 '영화'의 중심성이 동그라미 크기로 나타나 있고, 두 핵심어 주변엔 '시간' '보드' '주말' '작품' '개봉' 등의 관련한 단어들이 모여 모둠을 형성한 것을 볼 수 있다. 게임과 영화 주변에 모인 단어들은 이 두 단어보다는 중심성이 약해, 작은 동그라미를 가지고 있지만, 다른 주변 단어들과 개별적인 그룹을 여럿 거느리고 있다. 동그라미 크기가 여럿 존재한다는 건 다양한 핵심어들이 이야기를 구성하고 있다는 것을 의미한다. 제각기 화제성과 세부 주제를 이끄는 힘은 달라도 영화, 게임과 관련해서는 풍성한 이야기들이 만들어졌다는 뜻이다.

2017년이나 2018년에 비해 2019년부터 2021년 8월까지의 연결망은 '대전'으로 대부분의 단어들이 집결한 듯한

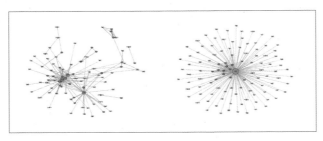

2017년(좌), 2021년(우) '노잼 도시' 블로그 텍스트
주요어의 연결망

패턴이다. 대전의 동그라미는 중심성의 크기를 나타내는데
다른 동그라미들에 비해 압도적으로, 2017년의 영화나 게임
보다도 훨씬, 큰 크기다. 마치 홀로 존재하는 강력한 존재처럼
대전은 단어들의 관계망 한가운데에 있다. 강력한 중심을 차
지한 '대전'은 다른 단어 간 거리와 연결 형태를 파악하는 여
러 분석 방법에서도 비슷한 양상을 보였다. 연도별로도 2019
년 이후 상당히 비슷한 패턴을 보였다.

　　'대전'은 2019년 이후 작성된 '노잼 도시' 블로그 텍스
트에서 가장 큰 노드면서, 가장 많은 연결망을 가지고 있고,
활발한 매개자이며 또한 압도적으로 영향력이 큰 단어다. 많
은 단어들이 '대전'과 직접 연결돼 있고, 대전을 통해 서로 연
결된다. 페이지랭크식으로 말하면, 어떤 단어에서 '노잼 도
시' 이야기를 시작해도 결국 '대전'이란 단어를 쓰게 된다('대

전'으로 돌아오게 된다).

'대전' 주변에서 별도 모둠을 형성한 단어들은 '카페'와 '여행', '예쁘'와 '사진'이다. 이 단어들은 일반적인 여행 이야기에 필요한 핵심어면서 대전을 여행한 얘기를 하기에도 필요한 단어일 것이다. 앞서 토픽 모델링을 통한 분석 결과와 유사하게, '노잼 도시' 텍스트의 구조도 대전을 중심으로 한 대전 여행이 핵심이라는 걸 알 수 있다.

사람들은 밈을 실천했다. 그 덕에 대전을 방문하기도 했다. 대전이 난처하고 부끄럽고 웃기는 밈 덕을 본 것일까? 페이지랭크를 통한 주요 단어들의 연결망은 대전을 중심으로 다른 단어들, 일명 관광지와 관광·문화 콘텐츠들이 대전과 그저 1:1의 관계를 맺고 있다는 걸 드러낸다. 대전과 성심당, 대전과 소제동, 대전과 수목원 등이 개별적으로 연결돼 있을 뿐, 보다 확장되고 복잡한 대전 방문의 모습은 볼 수 없다. 알 만한 대전의 유명 장소들이 관계망 안에 등장하고 있지만, 이들은 대전 주변에서 자기들끼리 연결된 별도의 관계망을 만들어 내지 못하고 있다. 말하자면, 사람들은 대전에 방문하긴 했지만, 대전의 여러 장소나 체험을 함께 얘기하진 않는다는 것이다. 이들은 '노잼의 도시 대전'에 와서 여러 장소를 둘러보며 대전을 복합적으로 경험하지 않고, 성심당, 엑스포공원 등 한두 곳만 보고 떠난다고 추정할 수 있다. 확장성 없고, 짧게 머물며, 마치 특정 요소 하나만 소비하고 이를 블로그에 인증하는 듯한 대전 방문의 경향을 포착할 수 있다.

지금까지의 '노잼 도시' 블로그 텍스트 분석 결과는, 2019년 대전 방문의 해 이후 대전이 '노잼도시'라는 이미지, 즉 장소성을 소셜 미디어상에서 획득했다는 사실을 드러낸다. 이러한 소셜 미디어 장소성 '노잼도시'는 '높은 휘발 가능성'과 '장소 상실의 위험'을 내포한다. 밈 때문에 사람들은 대전에 방문했지만, 이들의 장소 방문이 진짜 대전과의 관계를 만들었는지는 알 수 없다. 아니, 오히려 대전은 방문의 목적지로서만 있었을 뿐, 대전이 궁금해서 여기저기 둘러보고, 느끼고, 자신만의 경험을 하고 느낌을 기억하는 과정은 텍스트에 드러나지 않았다. 그들은 대전의 어떤 지점을 찍고 오기 바빴던 것 같다. 그래서 사진이 중요했다. 그저 다녀왔다는 흔적만 남아도 괜찮기 때문이다.

블로그 유저들의 말 속에서 엄청나게 큰 자리를 차지한 '대전'이란 단어, 그 중심성은 마치 '아싸'를 백 명 알고 있는, 분투하는 '인싸'처럼 보인다. 그 크기의 '핵인싸'라면, 단어들의 연결망 안에서 확실하고 강력한 중심성을 진짜 가졌다면, 자신을 둘러싼 하위 연결망들이, 모둠들이 활성화돼 있어야한다. '핵인싸'는 '인싸'를 여럿 거느리는 법이니까. 하지만 대전 주변의 단어들(대전의 장소들, 다양한 관광, 문화 활동들을 의미하는 단어들)은 대전만 바라보며 홀로 존재하는 부실한 네트워크를 가졌다. 자신 주변의 다른 단어들과 복잡하고 새로운 관계를 만들지 못하는 것이다. 이는 대전의 중심성이 허약하고 위태롭다는 걸, 즉 대전은 진정한 핵인싸가 아니라는 걸 드러낸다.

중심을 차지하고 있는 대전의 지위 자체도 언제 없어질지 모른다. 대전을 여행한 이야기는 많지만, 대전에서 이들이 한 일은 다양하지 못하고 그저 산발적이고 단편적이다. 성심당 하나만 가보거나 중앙과학관, 소제동처럼 잘 알려진 곳을 '찍고' 오면 그뿐이다. 대전 안의 여러 장소와 그저 1:1의 관계를 맺고 있는 대전은 그 고리가 끊어지면 언제든 중심의 위치를 잃을 것이다. 2019년 대전 방문의 해가 선포되면서 소셜 미디어 밈이 실제 방문으로 이어진 효과가 어느 순간 급격하게 휘발될 수도 있다는 뜻이다.

대전의 여러 장소를 둘러보고, 사람들을 만나고, 예상하지 않았던 경험을 하고 도시에 대한 감정을 가지고 돌아가 이를 기억하는 여행은 '예전 관광 스타일'이 됐다. 소셜 미디어가 삶의 여러 경험 방법과 내용을 결정하는 기준이 된 요즘엔, 소셜 미디어의 소통 방식처럼, 여행도 즉각적이고 표현적이며 빠르게 진행된다. 밈의 실천이 곧 대전 방문이었으니, 대전을 방문했다는 사실 하나만이 중요하다. 추상적이고 거대한 공간인 도시를 샅샅이 파고들거나 세심하게 볼 필요도, 그럴 생각도 들지 않는다. 도시를 구성하고 있는 여러 물리적 장소들을 하나하나 엮어 완전체를 체험할 필요도 없다. 대표 상품 하나를 소비하면 다 산 것이나 다름없다. 대전의 어떤 것, 대전을 소비했다고 말할 수 있는 대표적인 어떤 것 하나만이 중요하다. 그 요소를 소비했다는 걸 증빙하며 다른 유저들과 같은 걸 경험했음을 전시하는 것, 그렇게 의사소통하는 것이 요즘 여행의 방식인 것이다. 이런 행태를 일본의 문화 비평가 아즈마 히로키Azuma Hiroki는 '데이터베이스 소비'라고 불렀다.

관념적 공간인 도시는 잘게 쪼개진 '모에Moe 요소'로 쉽게 이해된다. 애니메이션 오타쿠들이 캐릭터에서 어떤 요소를 추출해, 자신들의 선호를 표현했던 것이 애초의 '모에'였다면, 이제는 그 역이 활발히 생성되어 소비된다. 이미 제시된 도시의 모에 요소를 소비하면 그 도시를 다 소비했다고 말할 수 있다. 부산에 간 사람은 해운대 해변 혹은 자갈치 시장 회를 소비하면 된다. 이는 부산에서 추출된 대표 특징이자 모에 요소다. 대표적인 요소 한두 개만 빠르게 소비하고 즉각적으로 사진을 전시해야 미디어 의례의 충실한 참여자가 된다. 노잼의 도시인 대전을 소비하기 위해서 방문했을 뿐이니 뜻밖의 장소를 찾지 않아도 괜찮다. 성심당이라는 모에 요소, 그것 하나면 충분하다. 노잼인 걸 확인한다는 것과 예쁜 사진을 찍어 여행을 증명한다는 확실한 목적이 있기에, 예상하지 못했던 정서나 경험은 만들어지지 못한다. 모든 도시에는 다양한 공간이 만든 장면과 사람, 사건이 있다. 그러나 보고 싶은 것이 확실한 사람에게 이러한 도시의 다면성은 보이지 않는다. 이들은 해운대와 회 센터로 부산을, 성심당으로 대전을 기억한다.

그래서 사실 성심당만 찾은 사람들은, 오히려 대전이란 장소와 더 멀어진다. 대전의 노잼을 찾아온 사람(방문자)과 대전에서 꾸준히 '유잼'을 발견해 온 사람(원주민)이 섞여 새로운 경험과 정서가 만들어져야 하는데, 대전의 특징 하나만을 보고 찾아온 이들은 이런 기회를 마주하지 못한다. '대전이 노잼인' 사람들과 '아니 왜 대전이 노잼이야? 이렇게 유잼인데!'라고 발끈하는 사람들 사이의 간극은 점점 벌어진다.

갈만한 곳이 없어서, 재미를 느낄 사건이 없어서 대전이 '노잼'인 것은 아니다. 장소성에서 파생되는 다른 관계와 체험, 감정 그리고 기억이 없을 때 대전은 노잼도시가 된다. 사람들이 장소로부터 새로운 감각을 체득하지도, 예상하지 못했던 장소의 특성을 발견하지도 못하므로 그들은 자신들만의 '재미'를 찾지 못한다. 대전을 찾은 이들에게 대전은 상실된 장소, 곧 의미 없는 곳이 된다.

어떤 재미가 있어야 '노잼'이 되지 않는 걸까? 어떤 매력을 가져야 대전은 '노잼도시'라는 이미지에서 벗어날 수 있을까? 사람들은 어떠한 매력과 근사함을 생각하며 대전의 장소 이야기를 하는지 궁금했다. 흔히 사람들이 말하는 '힙'하고 '핫'한 곳이 대전의 어디를 말하는 것인지 알고 싶었다. 대전의 매력과 재미를 찾아야 했다. 그곳이 대전의 매력적인 곳 혹은 장소성이 될 수 있을까, 궁금했다.

어느 시대든 그 시절의 멋과 매력을 지칭하던 용어들이 있었다. 개인의 취향이기도 하지만, 여러 사람이 같은 취향을 공유하면 유행이 되고 트렌드가 된다. 경제 호황의 시대엔 'X세대'가, 고도 성장이 멈춘 시절엔 '네티즌'과 '얼리어답터,' 그리고 저성장이 고착화된 요즘엔 '덕후'와 '힙스터'[79]가 멋과 매력을 정의하고 주도한다.

힙한 장소와 핫한 장소가 어떻게 다른지 학술적으로 정의된 적은 없지만, 힙과 핫은 2010년 이후 등장한 취향 주체인 힙스터와 연계되면서, 따라 하고 싶은 소비 취향과 개성을 정의하는데 필요한 형용사가 됐다. "고유한 개성과 감각을 가지고 있으면서도 최신 유행에 밝고 신선하다"로 정의되는 '힙하다'[80]는 장소와 붙어 '힙플레이스'가 됐고, '핫플레이스'는 "다른 장소와 차별화된 독특성을 지닌 지역이나 장소"[81]를 의미하게 됐다. 힙플레이스와 핫플레이스는, 공식적인 사전

정의는 없지만, '사람들이 많이 모이는 인기 있는 곳'이란 공통의 문화적 기호를 지닌다.

대전에서 사람들이 많이 모이는 인기 있는 곳은 어디인지 소셜 미디어 텍스트를 분석해 확인했다.[82] 줄임말인 '힙플'과 '핫플'이 문화적 기호로 활발히 사용되기 시작한 시기를 2017년 전후로 보고, 2016년 1월 1일부터 생산된 블로그 텍스트를 대상으로 했다.

검색 키워드는 '힙플레이스'와 '핫플레이스' 그리고 '힙스터'로 설정했다. 2016년 1월부터 2022년 8월까지 수집한 블로그 문서 중 중복 문서를 제외하고 7772건을 대상으로 명사와 형용사 그리고 동사를 태깅했다. 광고성 단어 등 여러 형태소를 불용어 처리해 최종적으로 분석에 활용한 단어는 4만 1652개다.

## 힙과 핫은 카페에 있다

대전을 반드시 포함하면서 '힙플' '핫플' 그리고 '힙스터'를 언급한 블로그 텍스트에 많이 등장하는 상위권 단어들은 연도별로 살펴봐도 비슷하다. 2016년에서 2022년 8월까지 '카페,' '사진' 그리고 '맛있는'이 가장 높은 빈도를 보였다. 텍스트 안에서 실질적으로 많은 쓰임새를 보여 주는 단어의 무게감TF-IDF을 비교했을 때도 '카페(0.0142)' '맛있는(0.0068)' '사

2016~2022년 '대전 힙·핫플레이스' 블로그 텍스트 주요 단어 클라우드

진(0.0067)' 순이었다.

　'카페'는 대전의 힙하고 핫한 장소 이야기에서 블로거들이 가장 중요하고 의미 있게 사용하는 단어다. '카페'의 중요함 혹은 무게감은 시간이 지날수록 점점 커진다. 그 무게감은 카페와 다른 단어들 사이의 관계가 드러날 때 더 명확해졌다. 대전의 힙·핫플레이스 블로그 텍스트에서 카페는 가장 많은 단어와 연결돼 있고, 단어와 단어를 연결할 때에도 제일 많이 쓰인다. '맛있는' '디저트'를 먹는 이야기할 때 혹은 '예쁘'고 '분위기' 있는 곳을 이야기할 때 '카페'가 꼭 쓰이는 것처럼 말이다.

　또한 '카페'는 무게감 있는 다른 단어들을 거느린 단어이기도 하다. '사진'이나 음식과 관련된 단어들이 텍스트에서 중요하게 사용되고 있는데, 이 중요한 단어들과 강력한 관계를 맺는 단어가 바로 카페다. '맛있는'도 사실 카페에서 먹은 음식 얘기를 하기 위해 필수적으로 쓰일 수밖에 없는 단어고, '메뉴'나 '테이블'도 그렇다. 구체적인 음식 이름도 있다. '커피'가 가장 많고, '음료' '술(맥주)'과 '안주' '파스타' '고기' 등이 연도별 상위 100개의 주요 단어 목록에 속해 있다. 음식 중 가장 눈여겨볼 메뉴는 '디저트'다. 2019년에 단어의 중요도 TF-IDF 100위 안에 처음 진입한 후, 2022년 8월까지 계속 순위가 가파르게 오르고 있다. 디저트의 대명사 '케잌 또는 케이크'는 2021년에 처음으로 중요도 순위 100위 안에 들었다.

사람들은 특정한 장소가 아닌 카페를 중요하게 언급하며 대전의 힙 또는 핫플레이스를 얘기했다. 이 외에도 카페와 관련 깊은 단어들을 함께 주요어들로 사용했다는 점에서 대전의 힙플레이스, 핫플레이스 얘기는 '카페' 얘기라고 말할 수 있다. 2016년에서 2022년 8월까지 텍스트에서 주제를 도출하고, 주제별로 시간의 흐름에 따라 문서의 점유 비율을 계산한 토픽 모델링Topic Modeling 결과도 비슷했다. '느낌 있고 예쁜 디저트 카페에서 사진 찍기' 토픽이 전체적으로 가장 높은 점유율을 보였다.

최근 6년 8개월 동안의 블로그 텍스트를 통해 대전의 힙·핫플레이스가 어딘지 찾으면서 알게 된 건 동네 상권의 흥망성쇠다. '뜨는 동네'가 어딘지 시기별로 알 수 있었다. 2017년 전후 블로거들은 대전의 힙·핫플레이스로 주로 유성구 봉명동과 중구 대흥동을 자주 언급했다. 봉명동은 충남대와 카이스트 주변이고, 대흥동은 대전의 원도심이다. 서구 둔산동은 6년 동안 꾸준히 중하위권을 오르내리며 힙·핫플레이스 이야기에서 중요한 동네로 언급됐다. 2019년부터는 대전의 핫하고 힙한 곳을 이야기할 때 소제동이 빠질 수 없는 동네가 된다. 2019년 갑자기 등장한 소제동은 등장 첫해에 단어의 사용 빈도에 근거한 무게감 차트에서 23위에 랭크됐고, 다음 해에는 18위로 상승세를 탔다. 소제동은 대전역 주변 '레트로한 감성'으로 인테리어 한 카페 거리 조성이 관사촌 정비 계획과 맞물리면서 유명해진 곳이다.

어느 동네가 힙·핫플레이스인지 하나만 고르는 건 어렵다. 꾸준히 100위 안에 주요어로 등장하는 동네도 있지만, 동네들은 순위에 들었다가 또 사라진다. 소제동도 2020년에는 18위까지 올랐지만, 2021년에는 28위로 다소 하락했고, 2022년 8월까지의 텍스트에서는 74위로 떨어졌다. 이러한 동네 상권의 흥망성쇠는 멋지고 매력적인 것을 찾는 소비행태가 이미 '노마디즘적 특성'[83]을 가지고 있음을 보여 준다.

소셜 미디어에 장소를 전시하는 사람들에게는 늘 새로운 장소가 필요하다. 잘 알려지지 않은 장소 정보는 우월성을 과시할 수 있는 콘텐츠고 (나만 안다는 것은 얼마나 짜릿한 권력인가!) 일종의 문화적 자산이기 때문이다. 그래서 대전 힙·핫플레이스에 대한 블로거들의 이야기에는 '새로움'에 대한 단어들이 자주 쓰인다. 장소가 매력적일 때는 그 장소가 낯설 때다. 블로거들은 특유의 '노마드적 소비 경향'을 보이며 낯선 장소를 찾고, 그 장소에서 발견한 새로움을 누구보다 먼저 전시한다.

'처음 생긴', '(남들은) 모르는,' '오픈 (런)' 등의 단어가 자주 중요하게 쓰였고, 급기야 2021년엔 '신상'이 주요어 100위 안에 처음 등장했다. '신상'은 옷을 비롯한 상품을 설명하기 위해 쓰던 표현이었지만, 이젠 장소를 표현하는 말도로 쓰이게 됐다. '신상 카페'나 '신상 술집'이란 말이 어색하지 않다. 상품을 지칭하던 말이 장소의 성격, 장소 그 자체를 의미하게 됐다. 매력적인 장소, 힙과 핫을 품은 장소는 낯설고 새로우며 그래서 제일 먼저 가서 사진에 담아 다른 사람들에게 자랑할 수 있는, 일종의 상품이 됐다.

## 사진이 되는 장소가 힙하다

대전의 힙·핫플레이스 이야기엔 대전시 관광공사가 선정한 '대전 명소 10선'과 같은 종류의 장소는 거의 언급되지 않는다. 산, 강이나 역사 문화 유적지, 수목원이나 큰 공원, 하다못해 미술관도 '카페,' 아니 (단어 활용의 무게감 종합 40위를 차지한) '맥주'만큼의 무게감도 없다. 크고 웅장한 공간이 아니라 도시 안에서 쉽게 접근 가능한 공간, 장소의 성격이 인테리어와 음악 등으로 뚜렷하게 생성될 수 있고, 즉각적으로 감지되는 공간인 카페가 블로거들에겐 힙하고 핫했다.

인위적으로 잘 조성된 장소인 카페가 왜 그렇게 힙하고 핫할까? 아마 도시사회학자 레이 올든버그Ray Oldenburg[84]라면 카페가 현대인에게 그 어느 때 보다 부쩍 요긴해졌기 때문이라고 할 것이다. 제1의 장소인 집은 좁고 (대도시라면 더욱 좁고), 제2의 장소인 일터는 한시라도 빨리 떠나고 싶다. 이런 현대인들이 쓸데없이 시간을 죽이고 싶은 곳이 카페이기 때문이다. 언제든 환영의 인사를 받을 수 있는 동네 카페는 마음 편하게 사람들과 교류할 수 있는 제3의 장소다. 하지만, 블로거들이 대전 힙플이자 핫플인 카페에 '교류'나 '환영,' '포용'과 같은 지역 공동체성 회복 활동을 하려고 가는 것 같지는 않다. 그들은 사진을 찍으러 카페에 간다.

'카페'와 함께 대전의 힙플레이스와 핫플레이스에 대한 블로그 텍스트에서 아주 중요하면서도 빈번하게 쓰이는 단어는 '사진'이다. 그 무게감으로 '사진'은 '카페'에서 사람들이 무엇을 하는지, 카페 방문 목적이 그저 커피를 마시기 위함은 아니라는 걸 또렷하게 증명한다. 텍스트 안에서 '사진'과 함께 자주 쓰이는 단어들은 '분위기,' '감성'과 '느낌,' '예쁘다' 등이다. 소위 '인스타그램에 쓸 수 있는instagram-able' 사진을 찍기 위해서는 장소가 풍기는 느낌과 분위기가 중요하다. 공간이 예뻐야 한다. '감성'이 있어야 한다.

어떻게 예쁜지, 무엇을 예쁜 공간이라고 하는지 구체적으로 설명할 수는 없지만, 다들 알고 있는 것 같은 그런 '예쁨'이 있어야 한다. '감성'도 마찬가지다. 1990년대에 생산된 소품이나 영화 포스터가 있으면 '레트로' 감성이고, 핀란드 가구가 있으면 '북유럽' 감성이다. 그것이 무엇인지 명확하게 설명할 수는 없지만, 우린 어느 카페에 들어서며 '감성 있다!'고 다 같이 외칠 수 있다.

블로거들에게 예쁘고 감성 있는 사진의 중요성은 어쩌면 당연하다. 수십 줄의 글은 못 읽지만, 스크롤의 압박이 있어도 수십 장의 사진은 본다. 내가 경험한 감성을 전달하는 데 사진만큼 효과적인 매체는 없다. 더 인기 있는 블로거가 되기 위해, 조금 더 많은 '좋아요'를 얻어 내기 위해 사진은 중요해진다. 그러니까, 내가 방문한 장소는 반드시 '잘 찍혀야 한다.' 또한, 다른 소셜 미디어 유저들의 눈에도 '잘 찍혀야 한다.'

이제 블로그와 페이스북, 인스타그램 사진 모음은 명함이다. 얼굴을 확인할 수 있기 때문만은 아니다. 그 사람의 소셜 미디어 계정에 올라온 사진을 보면서 그를 알아 가고 이해한다. 때문에, 사진 그 자체가 중요해진다. '좋아요'를 많이 받아야 인기 있는 것이고, 그것은 곧 나의 가치와 쓰임새를 의미하므로, 많은 사람들에게 선택받을 수 있는 이미지를 찍어 내고 싶어진다.

왜 내가 본 블로그와 인스타그램, 페이스북의 장소 사진들은 그렇게 한결같이 예쁜 것일까? 문화센터 사진반 수강생들이 전시한 사진들처럼 금방 지루해지는 이유는 뭘까. '예쁘고' '멋진' 포장은 이미 방향성이 정해져 있다. 그 방향성은 트렌드를 만들어 내고, 사람들은 그 트렌드를 다시 확인하는 사진들을 찍고 게시한다. 엇비슷하게 예쁘고 멋진 포장지를 두른 사진이 소셜 미디어를 채운다, 내 명함을 채운다.

정해진 아름다움의 프레임에서 벗어나지 않는 사진은 오래 바라볼 필요가 없다. '답은 이미 정해져 있으니 너는 답만 해'와 같은 트렌디한 장소 사진은 '이런 아름다움을 보라'고 유도하거나 강요하는 것 같다. 보는 관객 입장에선 뻔할 수밖에 없다. 사진을 찍은 이유나 그 뒤에 있는 이야기가 궁금하지 않으니 재미가 없다. '트렌디함'은 그 요소 하나만으로 이미 꽉 차있다. 더는 할 말도, 들을 말도 없는 것이다. 이런 장소 사진들에는 감상하는 사람도 알아채는 지루함이 있다.

왜 사람들은 사진을 통해 새로운 이야기를 하지 않을까? 그저 다들 좋아할 것만 같은 이미지를 뽑는 게 뻔하고, 재미없고 지루할 걸 알면서도 왜 거기에만 머무르게 될까? 힙하고 핫한 장소에 가서 새로운 이야기를 만들어 내지 못하는 이유는 힙과 핫 그 자체에 있다.

## 힙과 핫은 이미 서울에 있다

한국관광공사 데이터랩은 대전 관광지 검색 순위를 여러 빅데이터를 활용해 알려 준다. 최근 5년 (2018~2022년) 내비게이션 데이터T-MAP를 분석해 사람들이 대전에서 검색한 장소가 어디인지 살펴보면, 역시 성심당이 압도적 1위라는 걸 다시 한번 확인할 수 있다. 최근 5년 동안 사람들은 한밭수목원을 23만 2836건, 대전오월드를 35만 4567건을 검색했고, 성심당 본관을 41만 2364건 그리고 성심당 DCC점을 24만 574건 검색했다. 대전 선사유적지(3만 7900건)도 가고 계족산황톳길(4만 9780건)도 가지만 역시 많은 이들은 성심당에 간다.

흥미로운 점은, 압도적인 검색량에도 불구하고, 대전의 힙플레이스와 핫플레이스에 대한 블로그 텍스트에서 '성심당'은 중요하지 않았다는 것이다. 텍스트에서 중요하게 쓰이는 단어를 알려주는 TF-IDF 분석 결과에서도, 단어들 사이 관계를 보는 중심성 분석에서도 단어 '성심당'은 통합 Top 100위에도, 연도별 Top 100위 안에도 이름을 올리지 못했다. 성심당은 힙하지 않다. 정확하게 말하면, 낯설고 새로우며 사진에 예쁘게 담기는 감성과 분위기를 지닌 공간을 찾는 블로거들에게 성심당은 힙하거나 핫하지 않다. 물론 성심당은 전국적으로도 잘 알려진 곳이고, 대전의 관광 자원으로도 충분한 역할을 하고 있다. 하지만, 성심당은 낯설고 새롭지 않으며, 남들은 모르고 나만 아는 곳도 아니다.

대전의 힙·핫플레이스에 대한 블로그 텍스트 마이닝 결과 '성심당은 힙플이나 핫플이 아니었다'고 하자, 대전 사는 사람들은 '그래?'라며 놀랐지만, '맞아, 그렇지'라며 바로 수긍했다. '노잼도시'에 대한 텍스트 마이닝에서 성심당은 중요한 단어였고, 대전을 대표하는 장소였지만, 그 대표성은 블로거들이 말하는 요즘의 매력적 장소(힙플, 핫플)는 아니었다.

힙플레이스와 핫플레이스에 대한 블로그 텍스트에 사용된 주요어와 그 관계성은 장소의 매력이 '비일상성'에 있다는 걸 보여 준다. 힙하고 핫한 곳에 가는 건 일상의 일이 아니다. 블로거들은 친구와 오랜만에 만나고 애인과 데이트할 곳으로 힙·핫플레이스를 얘기한다. 이것이 가장 점유율이 높은 토픽이었다. 장소 방문 목적이 (데이트나 오랜만의 만남과 같은) 비일상적인 행위가 수행될 공간을 찾는 것이기 때문에, 장소는 그 행위의 배경(또는 행위를 담는 그릇)으로 예쁘게 존재하는 게 가장 중요하다. 장소 자체를 탐색하거나 장소와 관계를 맺기 위함이 아니기 때문이다. 그래서 힙플과 핫플은 귀엽고,

예쁘고, 인스타그램에 올릴만한 인테리어로 만들어진 '감성 또는 분위기'를 갖춘 곳이어야 한다.

여기서 '감성'과 '분위기'는 내가 장소에서 얻어 낸 것 이라기보다, 장소가 풍기는 이미지를 의미한다. 우리는 스스로 장소에서 감성과 분위기를 만들기보다 이미 만들어진 감성과 분위기를 돈 주고 사는 데 훨씬 익숙하다. 성심당에서 내는 비용엔 공간의 감성과 분위기 값은 포함돼 있지 않다. 성심당의 주인공은 빵이 분명하고, 구매하는 것은 빵이지 예쁘고 독특한 감성으로 조성된 (꾸며진) 공간이 아니기 때문이다. 그러니까, '맛있는 빵을 먹는 곳'으로 존재하는 성심당은 힙플이나 핫플이 아니게 된다.

또한 무엇보다도 성심당은 '서울의 것'이 아니다. 2018년부터 2022년 8월까지 대전의 힙·핫플레이스에 대한 블로그 텍스트에서 자주 무게감 있게 사용된 상위 100개의 단어중 단연 눈에 띄는 단어는 '서울'이다. 서울은 100위 안에 든 주요 단어 중 대전이 아닌 유일한 지명이다. 서울은 꾸준히 20위에서 50위권을 오가다, 2022년엔 16위로 상승했고, 모든 연도 통합 100개의 단어 중엔 31위에 올랐다.

대전이 반드시 포함된 문서만 크롤링했고, 대전의 여러 동네와 장소명이 등장한 것은 당연해 보였지만 서울이 이렇게 빈번하게 쓰인다는 것은 이해하기 어려웠다. 그래서 불용어 처리를 하고 새로 분석해야 하는지 고민도 됐다. 궁금했다. 왜 이렇게 서울이 자주 등장하고 또 중요할까. 왜 꼭 서울일까? 대전의 매력적인 장소에 대한 글들인데, 왜 서울을 언급하는 걸까? 블로그 텍스트를 직접 읽어보면 '서울'은 삭제해야 할 단어가 아니라, 그 지배력을 곰곰이 생각해야 하는 단어라는 걸 알게 된다.

> "서울에 ***가 성수동에 있는데, 최근 대전에도 입점! 입구에 들어서자마자 느꼈는데요, 대전 핫플 맞습니다."
> "소제동은 뭔가 그리운 감성 같은 게 묻어 있어 둘러보는 것만으로도 힐링이었다. 서울 어디랑 비교하면 좋을까? 익선동과 성수동 그 중간 어디쯤?"

사람들은 대전의 힙·핫 플레이스를 얘기하면서 그곳을 서울과 비교한다. 서울은 대전의 매력적인 장소를 얘기하는 데 반드시 필요한 기준이자 비교 대상이다. 블로그 텍스트에서 서울은 멋지고 매력적인 곳을 판단할 수 있는 표준으로 쓰인다. 서울에서 유행한 것, 다시 말해, 서울 사람들이 인정한 것이 대전에 오면 '대전의 힙과 핫'이 된다.

2016년부터 2022년 8월까지 블로거들이 대전의 힙·핫플레이스에 대해 이야기한 주제가 무엇이 있는지 점유율을 도출해 살펴보면, '가까운 사람들과의 서울 여행'이 세 번째로 높다는 걸 알 수 있다. 연인과의 카페 데이트, 오랜만에 만난 친구와의 술집 나들이 다음으로 사람들은 서울 방문을 얘기하고 있다. '대전의 매력적 장소를 얘기하는 데 서울 여행이 왜 이렇게 높은 지분을 차지하고 있는 걸까'란 의문은 단어 서울의 쓰임새, 즉 서울이 텍스트를 만들어 내는 데 어떻게 얼마나 기여하고 있는지를 살펴보면 답이 더 명확해진다.

서울은 대전 힙·핫플 텍스트에서 단어 사이 연결 고리가 되고, 여러 중요한 단어들과 함께 등장한다. 마치 '핵인싸'와 같은 역할을 하는 단어가 바로 '서울'이라는 뜻이다. 이런 '핵인싸' 단어는 텍스트의 중심을 차지하면서 그 텍스트의 구조와 성격을 추측할 수 있게 해준다. 서울은 대전의 매력적 장소 이야기를 구성하는 수많은 단어들 중에서도 빈번하게 등장하고 중요한 역할을 하는 주요 단어들과 관계를 맺는다. 이를 서울의 '위세성'이라고 할 수 있는 데, 이야기 속에서 서울의 위세성은 2016년, 2017년에는 최상위를 차지했고, 코로나가 심각했던 2020년에는 약해졌다가, 이후 다시 상위에 등장하는 위력을 보였다. 지역 여행이 주를 이뤘던 2020년에는 대전 소제동이 위세력 top 50에 처음 등장하기도 했으나, 2021년에는 서울의 위세성 순위가 소제동을 앞지르고, 2022년에는 결국 2위를 차지한다. (2022년 위세성 1위는 '시간'이다.)

서울이 지방 도시 대전의 장소 매력을 판단할 기준이자 표준으로 기능한다는 데 사람들은 합의한 것 같다. 이러한 합의가 필요하다는 데 합의한 것일지도 모른다. 표준이 있으면 비교가 쉬워지고, 경쟁의 원칙을 세우는 것도 가능해진다. 무엇보다도 순위 매기기가 쉬워진다. 어느 공간이, 장소가 그리고 도시가 더 매력적인가 혹은 더 힙하고 핫한가를 표준이 된 서울을 기준으로 평가할 수 있다. 도시끼리의 비교와 순위 매기기가 어떻게 가능하냐고 따지고 싶겠지만, 사실 우린 은밀하고도 정확하게 순위를 매겨 왔다.

'도시 브랜드' 평가는 이제 내 손끝에서 시작된다. 권위 있는 기관이 거주나 근무 혹은 투자처로서의 도시 경쟁력을 평가하던 것에서 더 나아가, 이젠 방문자 개개인의 온라인 평판을 주요 지표로 삼은 도시 평가가 제시되기도 한다. 온라인에 나타난 소셜 미디어 유저들의 도시에 대한 긍·부정 평가, 미디어 관심도, 소비자의 참여와 소통량, 소셜 미디어에서의 대화량이 도시를 평가하는 기준이다. 2023년 8월 도시에 대한 이런 빅데이터를 모아 분석한 결과 한국 도시 브랜드 평판 1위는 서울시다. 서울시는 참여지수 34만 7688, 미디어지수 52만 5868, 소통지수 181만 3718, 커뮤니티지수 163만 6002였다. 2위는 부산시(참여지수 8만 2752, 미디어지수 34만 8266, 소통지수 131만 2288, 커뮤니티지수 172만 1005), 3위는 제주도(참여지수 8만 513, 미디어지수 26만 7233, 소통지수 143만 3804, 커뮤니티지수 107만 8970)[85]인데, 서울과 다른 도시들 사이의 격차가 크다는 걸 알 수 있다. 모든 이야기 생산의 거점인 소셜 미디어에서 확실히 서울은 주인공이다. 서울은 조명 받고, 다양한 캐릭터가 발굴되며, 엄청난 이야기들이 쏟아져 나온다. 서울이 아닌 다른 도시들은 주인공을 의식하지 않을 수 없고, 주인공이 되기 위해 애쓰지 않을 수 없다.

'낯섦'과 '새로움'은 힙·핫플레이스 이야기에서 중요한 단어였다. 이미 가지고 있는 것보다 새로운 것이 멋져 보이는 건 당연해 보이지만, 왜 그렇게 새로운 것이 멋진지 되물어 볼 필요가 있다. 새로운 것을 원하는 내 마음은 사실 그럴 수밖에 없는 사회적 이유 혹은 나의 사회적 위치를 드러낸다. 새로운 것이 힙하고 핫하다고 생각해, 그걸 추구하는 것은 스스로가 기준이자 표준이 되지 못하기 때문이다. 아니, 기준이 될 '원본'이 되지 못한다고 생각하기 때문이다. 누군가는 "새것이 가장 좋다는 저주 같은 세뇌가 우리에게 심은 근본에 대한 콤플렉스[86]"를 말했지만, 근본이 없어서, 근본이 아니어서 늘 새 것을 추구해야 한다는 강박이 있다고 해석할 수 있다.

원본은 목표가 되고 목표는 추격을 부른다. 지방 도시 대전은 서울을 목표로 서울의 것들을 추격한다. 서울은 아마 뉴욕이나 파리를 목표로 설정할 수 있을 것이다. 뉴욕의 하이라인을 서울 청계 고가 도로가 추격한다. 익선동 카페 거리를 대전 소제동이 뒤쫓는다. 이렇게 누군가의 뒤를 좇는 추격의 특징은 하나의 방향, 우상향 고점을 지향하게 한다는 데 있다. 대전 앞에 서울이, 서울 앞에 뉴욕이, 뉴욕 앞에 있는 어떤 도시를 향해 오른쪽 위로, 또 위로 추격의 그래프를 그린다. 일렬로 서서 한 방향으로 추격 중인 도시들이 그리는 건 직선뿐이라, 꺾은 선이나 곡선은 레이스 이탈이며 패배다.

내가 사는 장소, 도시가 추격의 레이스에서 벗어나지 않기 위해, 우린 좇고 있는 표준과 원본을 아낌없이 칭찬한다. '역시, 서울은 이렇게나 멋지군!' 힘든 추격에는 반드시 그럴 만한 가치가 있어야 하기 때문이다. 원본에 대한 칭찬 이면엔 원본이 아닌 것에 대한 멸시가 있다.

'비非서울적'인 것, 곧 '지방'은 일종의 두려움이다. 서울은 너무 멋지고, 세련됐고, 근사하기 때문에 그 외 지방은 보기에 썩 좋지도 않고, 촌스럽고, 우습다. 서울은 '지방'이란 단어를 무기 삼아 서울 아닌 것들의 촌스러움과 하찮음을 공격한다. 서울 친구들이 어쩌다 튀어나온 내 사투리 억양에 까르르 웃음을 터뜨릴 때, 자기 비하를 곁들인 유머로 쿨하게 넘어갔지만, 사투리가 웃음의 소재가 됐다는 게 당황스럽다. 세련된 서울의 것에 순응하지 못하고 겉도는 면이 우습고 싫어진다. 그래서, '지방'은 불편하게 하고 겁먹게 하는 단어다. 웬

만하면 지방이란 단어를 피하고 싶다. 내 안의 지방의 것, '서울 아닌 것'을 보고 싶지 않다.

　내가 가진 서울 아닌 것을 피하고 싶은 '디나이얼 지방 출신'에게 놓인 가장 암울한 미래는 '두려움이 가져올 변화 없음'이다. 지방은 무엇이든 될 수 있고, 다양한 캐릭터를 두텁게 쌓을 수 있고, 엄청난 이야기를 만들어 낼 잠재력이 있지만, 무서워서 꼼짝하지 않는다. 서울을 모방하는 것이 안전하고, 서울의 것을 가져오는 것이 승산 있기 때문이다.

# 있습니까, 나만의 도시를
# 만드는 방법?

지금 지방 도시 대전의 정체성은 '모방'과 '노잼'이다. 대전의 힙하고 핫한 장소 이야기들은 끊임없이 서울을 기준 삼아 대전의 매력을 측정한다. 서울만큼 멋지고 서울만큼 근사해야 가볼 만하고, 즐길 만한 장소가 된다. 그렇게 서울을 생각하며 대전의 매력적인 장소를 생각하다 보니 많은 것들이 서울과 비슷해졌다. 서울뿐 아니라 전국 이곳저곳에서 보던 엇비슷한 것들이 대전을 채운다. 대전 방문은, 대표적인 어떤 곳(이를테면 성심당 같은)을 '찍고 오는 것'으로 충분하다. 많은 장소와 다양한 장소 감상, 나만의 장소 이야기는 없고, 유명한 한 장소에 대한 인증만이 넘친다. 그래서 대전은 '노잼의 도시'가 된다.

대전만 노잼이 아니다. 청주도, 울산도, 광주도, 스스로를 '노잼의 도시'라 부른다. 대전이든 울산이든 광주든 잘 알려진 그곳 하나만으로 다 설명된다. 사람들은 사실 그 장소 외에는 특별한 곳이 없다고 생각한다. 아니, 다른 도시 사람들이 그렇게 대전과 울산과 청주, 광주를 생각해 왔다.

모방과 노잼은 긴밀히 연결돼 있다. 서울이 되려고 서울을 모방해 왔지만, 서울이 될 수 없는 지방 도시들은 노잼일 수밖에 없고, 노잼에서 벗어나려 다시 서울을 좇는 악순환을 거듭한다. 그래서 지방 도시들이 마주한 어려운 화두는 '고유한 지역 정체성' 혹은 '지역 특색' 찾기다. 고유한 지역, 도시

만의 특성을 내세우면 자신의 가치를 증명할 수 있을 거라 기대한다.

지방 도시, 지역의 고유한 정체성은 무엇을 말하는 것일까? 울산에는 '공업 도시'란 정체성이 있다고 알려져 있다. 공장이 많아서일까, 사람들은 쉽게 울산을 공기 나쁜 도시라고 생각하곤 한다. 하지만 살아 보면 그런 식으로 단순하게 울산을 정의하기는 어렵다. 울산은 사실 자연이 가까운 도시다. 바다와 쉽게 친해질 수 있고, 대숲과 옹기는 울산이라는 도시에 여유와 다른 빛깔을 부여한다.[87] 그렇다면 '공업 도시'라는 울산의 정체성은 틀린 걸까?

정체성은 한 줄로 설명될 수 없다. 정체성은 외부 자극에 반응해 변화하기도, 어떤 측면은 시간이 흐르면서 사라지기도 한다. 고정되지 않고 흔들리며 매 순간 구성되는 정체성의 자체 특성을 생각하면, 도시의 고유한 정체성을 찾겠다는 그 목표 자체가 모순일 수 있다. 지방 도시들이 애타게 찾는 그 정체성, 특색, 고유함의 실체를 조금 더 치밀하게 여러 각도로 고민해 봐야 한다는 뜻이다.

지역의 특색은 아주 오랜 설화나, 유적지 같은 것을 말하는 것일까? 아니면 최근 새롭게 들어선 건축물이나 잘 알려진 축제를 말하는 것일까? 오랜 유적이나 역사는 문화적 뿌리지만, 현재와의 접점을 좀처럼 찾기 어려워 요즘 사람들과 공명하지 못한다. 새 건축물이나 축제와 같은 문화적 경험은 역사와 맥락 없이 대뜸 지역 사회 안으로 침투한 이질적인 것들로 느껴진다.

도대체 어디에, 이들 사이 어디쯤 '지역 정체성'이란 게 있는 걸까? 절대 변하지 않는 이 지역만의 고유한 정체성, 정수essence가 과연 있을까? 누군가 '대전의 정체성은 이것!'이라던가, '대전의 뿌리는 여기!'라고 주장한다면, 질문이 쏟아질 것이다. '무슨 근거로 그렇게 얘기하시죠?' '당신에게 그걸 정할 권한이 있나요?' '난 대전에서 태어나 60년 살았는데, 동의할 수 없는데요?'

단번에 정의하기도, 합의하기도 어려운 '도시 정체성' 혹은 '고유한 지역성'이란 단어를 밀쳐 두고 사람들은 지역(정체)성을 어떤 단어나 이름으로 고정하는 손쉬운 방법을 택했다. 지역의 고유함, 특색 혹은 지역성 등은 상업적으로 브랜드화하기 위한 콘텐츠가 됐다. 중앙 정부도 "새로운 지역의 특색과 고유 자원을 살릴 수 있는 로컬 브랜딩"을 제안한다.[88] 그래서 지역의 정체성은 관광 안내 브로셔에 등장할 캐릭터 같은 것으로 압축됐다. 투자를 위해 기업과 중앙 정부에 어필할 수 있는 홍보 문구로 요약됐다. 물질적 성취로 드러나는 어떤 것, 즉 돈으로 바뀔 수 있는 가치로 환산되기도 했다. 이렇게 단순해진 지역 특색을 만족스럽게 잘 정의된 지역성, 도시의 정체성이라고 할 수 있을까?

지역 정체성이나 특색, 지역성 등은 고정돼 있어서 만지면 느낄 수 있고, 가면 볼 수 있는 종류의 것이 아니다. 지역 정체성은 사실 나와 내 주변의 이웃들이 일상을 매일 살면서 만들어 가는 중인 어떤 '과정' 혹은 삶 그 자체라고 보는 게 더 정확하다. 완성본이 없는 것, 고정되지 않은 것, 살아가는 행위, 실천을 통해 계속 구성하고 만들어 가는 과정만이 있는 게 지역성이고 도시 정체성이다. 그래서 지역성은 하나의 단어나 문구나 캐릭터로 압축될 수 없다.

대전의 정체성을 보거나 만지거나 들은 사람은 없다. 대전의 정체성은 만지는 것, 들리는 것, 느끼는 것들이 복합적으로 섞여 만들어진다. 할아버지와 얘기 나누며 문득 튀어나오는 사투리에서, 오래된 식당이 내놓은 제철 밥상에서, 조카가 소풍 가는 엑스포 공원에서 사람들은 대전을 듣고, 만지고, 먹고, 느낀다.

지역성은 구성돼 가는 것이다. 그렇다 보니, 지역(정체)성은 변하고 섞이고 때론 순간적이어서 금세 사라져 버리기도 한다. 우리는 안정되고 일관된 정체성을 원하지만, (그렇게 보일 때도 있지만) 새로운 사람들이 늘 이주해 오고, 낯선 문화와 언제든 만나 섞일 수밖에 없는 이 도시가 고정된 정체성을 가지기는 불가능하다. 도시와 지역 정체성은 늘 흔들리고, 새로운 정체성에 대한 감각은 계속 생겨난다.

그렇다고, 지역성이나 정체성, 지역과 나의 일체감 (소속감) 같은 건 영원히 가질 수 없는 것이라고 말해도 될까? 이것도 좋고, 저것도 좋다는 속 편한 상대주의로 모든 걸 포용하는듯한 제스처를 취하면 좋을까? 혹은 도시에 이질적인 것으로 판단되는 모든 것들을 버리거나 배제하면서 우리 도시, 우리 지역만의 정체성을 완성하면 될까?

지금 우리가 할 수 있는 건 완성품이 아닌 지역 정체성 혹은 지역성을 만드는 '나만의 방법론'을 개발하는 것이다. 내가 사는 지역과 도시의 정체성이 결국 내 삶 그 자체라면, 이 도시에서 '진짜 삶을 사는 것'이 곧 고유한 지역 정체성을 만드는 것이라 할 수 있다. 다 만들어진 상품을 사는 것처럼, 완성된 도시 정체성을 구입하는 일에 우린 너무 익숙하다. 잠시 그 상품이 맘에 들 수는 있어도, 그 상품은 진짜 내 것이 아니다. 기성품으로 주어진 것이 아닌, 스스로 만들어 낸, 스스로 살아 낸 도시의 삶이 모이면 어느새 풍성하고 거대한 도시의 정체성이 형성된다.

지금 사는 곳을 알고 즐기는 나만의 방법론을 탐색해 보자. 주체적으로 목적과 이유를 생각하고 재미를 느낄 방법을 고안하자. 다시 말해, 도시와 즐거운 '관계'를 만드는 나만의 방법론을 개발하자. 서울이 아니라서 특색이 필요한 '디나이얼 지방출신'에게 필요한 건 정신 승리 같은 자긍심이나 손쉬운 다양성, 혹은 상대주의가 아닌, 지배적인 사고의 틀을 뚫고 나아갈 방법론이다. 도시를 알아야 할 이유와 하고 싶은 목표를 세우고, 행동하고, 느끼고, 깨닫는 과정을 실천하는 게 필요하다. 그렇게 도시와 나 사이에 관계가 생길 때, 즐거움이나 슬픔, 애틋함 등 나만이 만들어 낼 수 있는 정서가 생긴다. 그 정서가 기록되고, 기억되고, 몸에 체득돼 시간이 지났어도 그 도시가 그리워질 때에야, 비로소 이곳이 '나의 도시'가 된다.

도시를 이해하고, 느끼고, 가지는 방법, 당신은 가지고 있습니까?

## 도시 앤솔로지

도시와 꾸준히 관계를 만들어 온 사람들이 있다. 이 사람들은 도시를 여러 사람의 같이 만드는 일종의 '합동 예술 작품'이나, '협업의 결과물'로 본다. 2009년 시작된 '리슨투더시티 콜렉티브'는 빠른 근대화와 도시화를 겪어 온 한국 사회가 도시를 어떻게 취급해 왔는지에 대해 비판적으로 접근한다. 미술, 건축, 인문학과 도시 계획 등 다양한 분야 전문가들이 함께하는 리슨투더시티 콜렉티브는 여러 시각과 재능을 활용해 도시를 목격하고 기록해 왔다.[89]

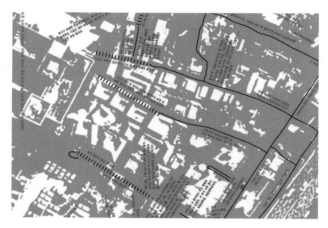

ⓒ리슨투더시티 홈페이지

리슨투더시티가 2016년 진행한 서대문형무소 주변 '옥
바라지 길' 기록 작업은 한 지역이 사라지고 새롭게 구성되는
과정이 다양한 삶과 서사의 중첩과도 같다는 사실을 잘 보여
준다.[90] 특히 38년 동안 옥바라지 골목에서 산 주민의 이야기
를 바탕으로 만든 '기억 지도'는 사라지는 공간을 디자인적으
로도 잘 드러낸다. 주민들이 표현한 그 장소에서의 삶이 입말
로 표현돼 있어 '옥바라지 길 얘기를 들으며 함께 걷는' 느낌
이 든다.

이 지도를 읽으면, 옥바라지 길이 38년을 그곳에서 살
아 온 사람에게 어떤 곳이었는지 공감할 수 있다. 그 사람이

거기서 만들어 낸 이야기와 정서를 함께 할 수 있다는 건, 그 장소를 잠시나마 함께 소유한 것과 같다. 그래서 '기억 지도'를 읽은 사람은 옥바라지 길을 걸은 사람이 되고, 그 길과 관계를 맺은 사람이 된다.

리슨투더시티의 참여적 활동은 자신들만의 뚜렷한 목표와 그 목표를 실현하기 위해 꾸준하고 치열하게 고민해 온 방법들로 이뤄져 있다. 이들은 도시에서의 삶과 도시의 물리적 변화를 당연하게 받아들이지 않고, 소수자의 시선으로 질문하고 목소리 없는 존재들의 목소리를 구체화한다. 그들의 작업은 도시 기록에 대한 새로운 인식을 열었고 '아카이브적 전환archival turn[91]'의 사례를 보여 줬다.

흔히 도시의 역사나 도시의 모습을 기록할 때, '발전된 모습' 혹은 '발전해 온 모습'을 기록하곤 하는데, 이러한 접근은 우상향의 선형적 도시 발전을 암시한다. 그러나 도시의 발전은 우상향 직선을 그리지 않는다. 도시의 발전 방향과 모습은 '방사형'이다. 사방으로 끝없이 뻗어 나가다 보면 어느 지점에선 중심이 중요하지 않을 수 있으며, 이런 점에서 탈중심적 미래를 상상하게 한다. 리슨투더시티의 민족지학ethnography 방법론과 다양한 기록 영역으로의 확장성은 도시의 모습을 거미줄처럼 포착해 기록하고 있어, 우리에게 아카이브적 전환의 의미를 전달하기에 충분하다.

자신만의 방법으로 도시 장소를 경험하고 그 결과를 표현해 내는 사람들은 어디든 있다. 이유는 다양하다. '같은 곳에 있었지만 내가 느낀 것은 당신과 다르니까', 또는 '다 다른 사람들이지만 지금 우린 같은 것을 느끼니까' 사람들은 표현하고 싶어진다. 물론 도시의 어떤 장소에서 보고, 경험하고, 느낀 것이 눈부시게 아름답거나 즐거운 것만은 아니다. 역사적으로 의미 있고, 사회적으로 특별한 가치가 있어서 반드시 표현하고 기록해야 하는 것도 아니다. 예쁘지 않고, 사회적으로 가치 있지 않더라도 그 장소를 똑바로 바라보고 거기에서 살아온 내 모습과 내 느낌을 직시하는 '용기'가 있다면 이미 방법론의 절반은 구축된 것이나 다름없다. 그런 용기가 만들어 낸 장소의 사진과 글은 읽는 사람의 마음을 흔든다.

2018년 9월 14일 이른 아침 대전 중구 목동 막다른 골목길에 피아노 소리가 울려 퍼졌다.[92] 재개발 결정 후 철거가 진행되고 있던 이 동네에 피아노 연주가 애도의 마음을 전했다. 옛 대전지방법원 근처였던 이곳에는 법원 관사 등의 오래된 주택이 많았다. 낮은 높이의 담벼락과 구불구불한 골목길 어딘가엔 1세대 건축가 박만식이 지은 1960년대의 주택도 있었다.

본격적인 철거가 시작되는 9월 14일, 무너져 내리고 있는 집들 사이, 막다른 골목임을 알리는 표지판이 있는 어느 곳

피아노 퍼포먼스 〈막다른 골목〉의 한 장면


에서 검은 옷을 입은 피아니스트는 프란츠 리스트Franz Liszt의
〈위로Consolations No.3〉를 연주했다.

　　여상희 작가를 비롯한 예술가들[93]이 기획한 '막다른 골
목'은 길고양이 구조로부터 시작됐다. 이들은 갈 곳 잃은 고
양이들을 구조하다 동네를 더 세심하게 살펴보게 됐고, 어느
빈집에서 발견한 버려진 피아노를 수리해 사라지는 동네와의
작별 퍼포먼스를 기획했다. 기획과 연주, 촬영과 피아노 조율,
포스터 디자인까지 모든 과정이 순수 재능 기부로 준비됐다.

　　피아노 연주는 잠시 철거 시간을 늦추긴 했지만, 결국
철거 소음과 섞일 수밖에 없었다. 육중한 기계의 엔진이 돌아

피아노 퍼포먼스 〈막다른 골목〉의 포스터

가는 소리, 벽돌이 바닥에 곤두박질치는 소리, 철근이 부러지고 꺾이는 소리 가운데 가늘게 흐르는 피아노 멜로디는 목동이란 공간에서 살고 숨 쉬었던 모든 존재에게 담담하게 안녕을 고했다.

'막다른 골목' 퍼포먼스를 기획한 박혜성(대전문화재단)은 목동 재개발 지역과의 이별 퍼포먼스가 수많은 장소와 만나고 헤어지는 도시인이라면 충분히 공감할 수 있는 장소 감정에 대한 것이라고 말한다.

"이제 대전에 산 지 10년쯤 됐다. 소중한 것들을 두고 온 것 같은 마음에 한동안은 주말마다 기를 쓰고 서울에 갔다. 서울이 별난 곳이어서가 아니라, 수많은 관계들이 남아있었기 때문이었다. 공간이 장소가 되는 순간은 참 쓰잘 데 없는 소소한 인연들로 만들어진다. 난 여전히 누군가에게 '서울 사람'이다. 변화하기 전 탄방동을 모르고, 옛 유성의 배밭 풍경을 못 봤으니까. 그러나 내가 대전에서 보낸 10년은 이방인으로서의 시간만은 아니었다. 이 도시의 어떤 공간들은 이제 내게 소중한 장소가 됐다. 대전은 플랫폼 같고, 나는 머물렀다 떠나기를 반복하는 도시 인간이며, 무엇이든 스쳤다가 사라지는 것은 매혹적이기 때문이다. 2018년의 '막다른 골목' 퍼포먼스는 목동과의 짧은 인연이 남긴 정서, 소멸하는 것이 남긴 흔적, 시간차를 두고 겹쳐 있는 어머니의 학창 시절과 나의 직장 생활에 대한 그리움 등을 기억하고 싶어서 뜻이 맞는 이들과 했던 프로젝트였다. 어차피 사라질 것을 굳이 '잘' 보내려 하는 이유는 기억하기 위해서다. 목동이라는 장소를 기억하고 싶었던 사람들과 함께 기획한 작은 의례였다."

낡은 주택가 철거 현장은 도시민에게 흔한 풍경이고, 외면하는 장소다. 거길 뭐하러, 뭐 볼 게 있다고 가나? 번듯하고 깔끔한 새 아파트가 어서 들어서길 기다리는 게 맞다. 아름답지 않은 것은 기록하고 기억할 가치가 없는 것이란 편견은 상식 같다. 하지만 철거를 기다리는 집 거실에는 아이가 클 때마다 벽에 그려둔 눈금이 있고, 선물로 받아 잘 말려둔 꽃이 걸려있고, 채 걷지 못한 커튼이 안방 창틀에서 바람에 흔들리고 있다. 그곳에도 여전히 삶이 있다.

피아노 퍼포먼스를 기획하고 실천한 사람들은 장소가 품었던 (여전히 품고 있는) 삶을 느끼고 기억하고 싶었을 것이다. 도시 공간은 물상의 세계만이 아닌, 거기 있는 사람들과 물상의 만남 혹은 사람끼리의 조우로 가득 차있기 때문이다. 피아노 퍼포먼스는 철거되는 건물이 아닌 그 장소에 머물렀던 사람들을 향한 것이었다. 그들을 위한 위로였다. 피아노 퍼포먼스는 목동의 옛집이 사라지는 순간을 함께 똑바로 바라볼 수 있게 했다. 그때 특별한 정서가 만들어졌기 때문에, 새로운 이야기가 덧붙여져 기록됐다. 사람들은 피아노 퍼포먼스를 보면서 목동의 집과 골목과 사람들에 관한 이야기를 다시 시작할 수 있었다.

## 도시 해킹하기

모든 도시는 아름다운 모습을 꾸준히 찾아 전시해 왔다. 관광 공사나 마케팅 공사는 전문가들을 고용해 도시의 멋진 모습으로 잘 가공된 사진과 영상을 만들었고, 관광 안내 브로셔와 홈페이지에 실어 더 많은 사람이 보도록 했다.

대전 엑스포 공원의 지금 모습(좌)과 1993년 모습(우) ⓒ대전의 역사·기록 모음 〈대전 사진 아카이브: 대전찰칵〉

'공식적으로' 내놓은 도시의 멋진, 기록될 만한 모습들은 보는 사람을 충분히 감동시킨다. 웅장하고 화려하다. '우와, 대전이 이렇게 멋지구나!' 소리가 절로 나오는 사진들이다. 이런 감동을 주고 싶은 마음은 다 비슷한 탓인지, 항공에서 찍은 사진이 많다. 우리가 봐야 할 장소의 멋짐은 이렇게 거대하고 웅장하며, 화려하고 압도적이라는 듯 말이다.

이 사진 앞에서 난 작아진다. 난 날아올라 엑스포 한빛탑과 갑천을 볼 수 없다. 내 눈에 이 모든 광경이 다 담기지도 않는다. 아름답고 멋지지만, 이 사진 속 엑스포 공원과 갑천은 내가 볼 수 있는 게 아닌 것 같다. 나의 것이 아닌 것 같다.

웅장하고 화려한 도시 모습 앞에서 우린 이렇게 말한다, '너무 멋져요! 이 말밖에는 생각이 나지 않아요. 정말 멋져요!' 최고의 찬사지만, '멋지다'는 말밖에 할 말이 없다는 건 최악의 평일 수도 있다. 이 장소에 대한 다른 말들이 활발히 생겨나지 않는 이유를 생각해 봐야 한다. 감탄사 외에 여러 말과 이야기를 할 수 있어야, 또 다른 사진, 감상, 느낌, 뜻밖의 방문과 만남이 생기지 않을까? '모두에게' 어필하고 싶은 장소 사진은 사실 모두의 비위를 맞추느라 밋밋해진다. 잊히기도 쉽다. 모두에게 팔리고 싶은 마음을 들킨 사진은 매력이 없다.

그래서 우리에겐 다양하고 많은 작가가 필요하다. 도시의 구석구석을 세세하게 뜯어 보고, 자신만의 방법으로 도시를 분석한 결과를 보여 줄 사람들 말이다. 훈련된 전문가들이 만들어 낸 근사한 이미지를 복사하지 않고, 새로운 시각과 방법으로 익숙한 장소를 설명하려고 애쓰는 실험을 하는 사람들이 필요하다. 이들은 장소를 경험하고 알아가고 내 것이 되어가는 과정을 즐긴다. '낯섦'과 '새로움'이 '힙함'의 핵심 요소라면, 익숙한 장소를 낯설게 드러내는 이 사람들의 시도는 힙하다.

누가 시키지 않았지만, 꾸준히 대전의 공간을 세세히 뜯어 보고, 낯선 방법으로 결국 그 장소를 '자신의 것'으로 만들어 온 사람이 있다. 주식회사 '윙윙'의 권인호[94]는 이 과정을 '스페이스 해킹, 도시 해킹'이라고 부른다. 그가 도시 공간

권인호가 찍은 충남방적 대전 공장 내부

에 관심을 가지는 이유는, 자신이 사는 도시 대전을 직접 느끼
고 진짜로 알기 위해서다. 진짜 도시 공간을 안다는 건, 직접
공간에 가서 느끼고 이해하는 실천의 과정을 가지는 것이다.
그는 이 과정에서 공간과 관계를 맺고, 공간에 이름을 붙이고,
그리고 마침내 공간의 '진짜 주인'이 되는 경험을 한다고 말
한다.

"인류의 절반이 도시에 산다. 그런데 도시가 존재하고 움직이
는 원리를 아는 사람은 많지 않다. 도시에서 태어나 도시에서
죽는 우리는, 역설적으로, 도시의 깊은 내면과 속살을 알지 못

권인호가 찍은 공장 안에서 본 바깥 풍경

한다. 도시의 원초적 바닥, 그 아래, 하수구와 지하실, 건물의
옥상, 레이더까지 직접 보고 느끼고 알고 싶었다. 여기 폐공장
부지에 아파트 단지가 아닌 다른 공간이 생길 수는 없는지, 원
도심 한복판의 커다란 건물은 왜 수년째 방치되어 있는지, 직
접 들어가 느끼고 이해하고 싶었다. 이미 정해진 규칙에 의해
이름이 붙여지고 쓸모가 정해진 공간을 수동적으로 받아들이
지 않고, 내가 스스로 정의하고 이해하는 공간으로 만들고 싶
었다."

권인호의 도시 해킹 작업은 기존 도시 공간이 지닌 역

권인호가 찍은 충남방적 대전 공장 부지 내 산업체 학교 (옛 충일여
자고등학교) 교실[95]

할과 의미를 해체하고 새로운 의미와 이름을 부여해 공간이
자유롭고 다양하게 변화할 수 있음을 보여 준다. '이 공간은
이렇게 쓰였고, 그 쓰임이 다해 버려진 곳' 또는 '여기까지가
안이고 저기는 바깥'이란 공간 규정에 질문을 던진다. 당연하
게 여기던 경계와 구조에 대한 그의 질문은 신선한 결과물을
만들어 낸다. 빈 공장 내부를 보면 에너지 넘치던 작업장의 움
직임이 떠오르고, 따스한 바깥 풍경을 바라보던 공장 사람들
의 시선도 짐작할 수 있다. 빈 교실의 찢어진 커튼과 장난 섞
인 낙서 사진에는 발랄한 10대 여학생들이 떠난 교실의 복합
적 정서가 담겨 있다.

권인호의 도시 공간 탐험 선정 기준은 유명세나 아름다움에 있지 않다. 잘 알려진 곳이지만 버려진 곳이거나 관심받지 못하는 곳인 경우가 많다. 곧 사라지는 장소들도 많다. 15년째 도심 한가운데 방치된 미완성 중대형 건물(메가시티)이나 유등천변의 오래된 아파트 단지 같은 곳들이 그가 탐험하는 주요한 공간들이다. 낡고 녹슬었고, 아무도 관심을 두지 않는 공간이지만, 권인호의 말대로, "안 보기 어려운 건물"이며 마치 "나는 여기 있다!"라고 소리치는 것 같은 곳들이다. 사람들은 애써 이 건물들을 안 본 척한다. 반면 스페이스 해킹을 하는 사람은 엄연히 존재하는 그 장소로 향한다. 그들은 그 장소가 무엇을 여전히 담고 있는지, 어떻게 달라질 수 있을지 주체적으로 상상한다.

도시의 겉을 맴도는 게 아니라 도시 내부로 성큼 걸어 들어가는 용기는 도시 장소를 기록하는 새로운 상상력으로 발전한다. 대전 대덕구에 위치한 청년 공유 공간 '청년벙커'는 2022년 지역 기반 영화 제작 워크숍을 열었다.[96] 이들이 영화제를 통해 지방 도시의 장소를 조명하는 방식은 전형적이지 않았다. 워크숍에서 만들어야 하는 영화의 조건은 이랬다. 'SF적 상상력'을 발휘하면서도 초저예산(10만 원)의 한계에 도전해야 하며, 대전이란 공간을 새롭게 조명해야 한다는 것. 'SF적'이란 표현은 아마추어 연출가들이 모든 걸 시도할 수

〈21%〉, 정윤재 연출, 2022 10만 원 스페이스 해킹 SF적 영화 상영
회 상영작

있도록 하는 자유를 줬다.

단편 영화 〈21%〉는 암울한 미래의 어느 시점을 대전의
현재 공간으로 가져온다. 어색한 조합이 한 화면에 펼쳐지면,
관객은 내가 매일 보던 일상 공간이 SF적 이야기와 만나는 뜻
밖의 가능성을 상상할 수 있다.

권인호의 '스페이스 해킹' 작업과 'SF적 상상력에 기반한 도시 영화'는 이미 지정된 공간의 특성이나 성격을 알고 있지만 이를 거스르고, 공간 사이 정해진 경계도 허문다. 내가 느낀 것을 중심으로 새롭게 공간을 정의하는 스페이스 해킹이나, 낯선 상상력으로 익숙한 곳을 재구성하는 SF영화 제작 실험은 경계를 자유롭게 넘나든다. 이미 아는 세계와 모르는 세계는 완벽히 쪼개진 것이 아니라, 서로 깊이 관련 있고, 섞여 있다.

　　기계와 작업 노동으로 채워진 방적 공장은 이미 우리가 알고 있는 세계다. 하지만 내가 직접 들어가 경험한 그 장소 안에는 어둡고 연약한 슬픔이 있고, 따뜻하고 살가운 그리움과 동경도 있으며, 청춘의 생기와 찢긴 희망 같은 것도 있다. 이 감정들은 미처 몰랐던 세계에서 온다. 스페이스 해킹은 이미 아는 세계와 모르는 세계를 이분법으로 경계 짓고, 저쪽으로 한 번도 넘어가지 않는다면 몰랐을 세계를 경험하게 한다.

　　이러한 실험은 장소에 새로운 정체성을 부여하고 장소를 확장한다. 경계를 자유롭게 넘나드는 나의 위치는 역동적이고 주체적이다. 이렇게 자유롭게 장소의 안과 밖을 지우고 새로 경계선을 그리고, 존재하지 않았던 정체성을 만드는 역량은 기존의 장소성과 새로운 장소성 사이에 선 나의 "위대한 균형 감각"[97]을 드러낸다.

지역 안에서 낯선 것을 찾는 트랜스로컬translocal한 시도는 지역을 확장한다. 트랜스로컬리티translocality는 지역이라는 경계를 세워 두고 그 경계 안에는 동질적인 것들로만 채워져 있다는 생각에서 벗어나는 시도로서, '경계를 넘는transcend' 경험이 가져오는 역동성을 적극적으로 찾는다. 트랜스로컬리티는 공간 구분의 어떤 층위(행정 구역, 지리적 경계 등)에 묶이지 않고 경계의 의미를 해체한다. 경계를 해체한다는 것이 그저 '다 우리 것'이란 의미는 아니다. 해체의 과정을 통하는 것 자체만으로도 이전까지 무가치했거나 삭제된 것들이 재현되고 거기엔 새로운 의미가 부여된다.

　　트랜스로컬리티는 "위계적이고 억압적인 공간 질서로부터 벗어나고자 하는 저항적 사유"에 대한 열망이기도 하다.[98] 트랜스로컬리티는 특정 지역을 대상화하거나 어느 지역이 우월하거나 가치 있다고 평가하지 않는다. 그 장소에서 진짜 삶을 찾아내고 느끼는 것에 집중한다. 이러한 맥락 안에서 경계 안팎을 연결하며 문화적 횡단을 실천하는 이들은 장소를 위계와 경계가 아닌 존재 그 자체로 판단한다. 이 과정에서 장소에는 목소리가 부여된다. 그제야 우리는 장소를 대상화하지 않고, 위계 없이, 그 지역(장소)의 목소리를 들을 수 있다.

## 2030 여성, 스마트폰을 든 탐험가

'어떻게 도시의 장소성을 알고 만드는가'란 질문은 '누가 방법론을 고안하고 실행하는가'의 질문과 연결돼 있다. 고민하고 실행하는 사람이 누구인가에 따라 도시 장소에 접근하는 이유와 방법이 달라지기 때문이다.

중산층, 비장애인, 이성애자들을 위한 도시 공간은 많아지고 있다. 자가용 운전자를 위한 길과 공간 배치, 아이와 함께한 가족을 위한 레저 공간 조성, 여성 소비자를 위해 꾸며진 공간들은 깨끗하고 좋아 보인다. 실제로 이용해 보면 좋은 점도 많다. 하지만, 이 공간들은 진짜 좋은가?

페미니스트 지리학자 레슬리 컨Leslie Kern[99]은 현대 도시들은 '여성 친화적'으로, 더 힙하게 변해 왔으며 '남성적 특성이 제거된' 안전한 공간을 지향해 왔지만 사실 이러한 도시 장소들은 백인 중산층 이성애자 여성들이 편안함을 느끼는 공간이라고 지적한다. 예쁜 카페와 유모차를 편히 밀고 다닐 수 있는 거리가 여성들에게 안전함과 즐거움을 준 것처럼 보이지만, 이 안전함과 즐거움은 사실 이 장소에 갈 수 있는 특정 여성, 즉 시간과 돈이 있는 어떤 여성들에게만 열려 있다는 것이다.

도시는 누구나 환영하는 것처럼 보이지만, 사실 배타적이기도 하다. 좋은 도시를 만들기 위한 기획은 우리가 흔히 생각하는 '다수'의 입장과 시각 그리고 요청에 초점을 두는 경우가 대부분이다. 다들 차를 가지고 있으니 차도와 인도를 확실히 구분하기 위해 단차를 둬야 하고, 노인을 위한 휴식 공간보다 주차장을 더 확보해야 한다. 어린이가 있는 3~4인 가족을 생각한 놀이터와 주택 설계, 주택 보급이 우선이며, 젊은 이성애자 커플을 타깃으로 축제를 홍보하고 관광 이벤트를 만들어야 한다. 하지만 다양한 입장과 시각을 가진 사람들이 일상을 통해 구성해 가는 것이 도시라면, 그 '다수'도 이질적이며, 우린 언제든 '다수' 밖의 '소수'로 존재할 수 있다는 것 역시 인정해야 한다. 그래서 날 환영하지 않는, 허락하지 않는 공간에 대해 말하는 것은 중요하다. '나는 왜 저기에 갈 수 없나?'란 질문을 해야 한다. 어떤 힘이 나를 멈추게 하는가를 폭로하는 것은 도시를 구성하는 폭력적이고 거대한 시선을 비판적으로 성찰한 결과이기 때문이다.

도시를 탐험하고 목격하고, 기록하는 사람 중엔 카메라를 든 2030 여성들이 많다. 소셜 미디어 텍스트 마이닝을 통해 대전의 힙·핫플레이스를 탐색했을 때, 도시 장소 탐색의 결과물을 소셜 미디어에 자주 올리는 이들이 젊은 여성이라는 걸 짐작할 수 있었다. 이들의 도시 장소 이야기는 디저트 카페나 편집숍에만 머물지 않는다. 청년 세대 여성들은 도시 장소에 대한 주요 평가자이자, 존재 자체가 방법론인 도시 장소성 발화자다. 이들이 한국 사회 구조에서 자리한 위치, 그 위치에서 비롯된 입장과 시각은 따로 훈련받지 않아도 독특하면서도 비판적이며, 충분히 새롭고 혁신적인 장소 감각 결과물을 만들어 낸다.

2018년 〈지역 리서치 프로젝트-불난 집〉[100]에 김재연 사진작가와 함께 '콜렉트'란 팀을 구성해 참여했던 전북대학교 대학원의 권순지는 지역의 장소를 새롭게 조명하고 이야기를 발굴하는 여성의 시각에 대해 이렇게 말한다.

> "대전역 주변에 있는 중동은 한때 흥했던 동네지만, 지금은 성매매 집결지가 있는 '사라지는' 동네다. 사람들은 이 동네를 피해서 돌아가고, 안 보고 싶어 한다. 지도에서 사라진 듯 어떤 기록도 남아 있지 않다. 비가시화된 이 동네를 많은 여성들이 스쳐 지나갔다. 불이 난 흔적을 보면서 불이 날 수밖에 없었던 이 공간의 삶을 생각했다. 동네 할머니들을 만나 이야기를 나누면서 중동과 중동에서의 삶을 알게 됐다. 아무도 기억하지 않는 공간과 삶, 인정받지 못한 '지워진 동네, 중동'을 기억하고 싶었다."

도시 장소를 발견하거나 장소와 관계를 맺는 일이 기쁨과 즐거움만 주는 건 아니다. 권순지는 중동을 알아가면서 장

권순지가 찍은 중리동 골목길 빌라촌 ⓒ〈노출과 침범〉

소 때문에 슬펐고, 불쾌했고, 화가 났다. 그가 이런 감정을 느낀 건 중동의 할머니들 때문만은 아니다. 특별한 여성들만 성적으로 대상화되고 어딘가로 내몰린다는 흔한 생각과는 달리, 그런 시선과 대우를 평범한 여성인 자신도 일상에서 흔하게 경험해 왔다는 걸 깨달았기 때문이다. 권순지의 장소 감정은 중동의 삶이 자신과 무관하지 않다는 깨달음에서 비롯됐다.

2019년 문화기술지를 활용해 대전의 동네를 기록하는 프로젝트[101]에 참여한 '머물다가게'의 임다은은 월평동을 기록하기 위해 길을 걷다가 멈춰 섰다. 길바닥에 흩어져 있는 성

임다은이 찍은 월평동 길바닥 ⓒ〈찌라시〉

매매 알선 홍보물(일명 '찌라시') 때문이다. 찌라시에는 임다은
과 비슷한 또래의 여성 얼굴과 몸이 상품처럼 전시돼 있었다.
임다은은 이 길과 공간이 젊고 아름다운 여성의 몸을 어떻게
생각하고 있고, 어떻게 취급하는지를 느꼈다. 멈춰 설 수밖에
없었다.

도심 외곽의 유흥가 어디쯤에만 있을 것 같은 공기는
사실 내 곁에 있다. 중동으로 밀려난 삶이 안온한 나의 삶과
연결돼 있다는 걸 알면 그 동네가 달리 보이고, 다시 생각하게
된다. 누군가는 그 거리에서 느꼈던 감정을 금방 잊지만, 어떤
사람들에게는 (여성 청년들에게는) 오래도록 남는다. 그 감각

이 거기에 갈 수 없는 이유가 된다. 이들에게 남겨진 그 거리의 장소성은, 언제든 성적으로 대상화되고 폭력의 피해자가 될 수 있다는 여성의 사회적 위치를 확인시키는 매우 '정치한political' 것이 된다. 장소 사이 경계는 알게 모르게 뚜렷하게 그어지고, 갈만한 장소와 그렇지 못한 장소 사이 거리는 더 벌어진다.

이처럼 도시의 장소성을 느끼고 기록하는 과정은 나의 위치와 입장을 자각하는 순간의 기록이다. 기록자는 장소를 경험하면서 자신에 관해 더 많이 생각하게 된다. 장소를 통해서 '내가 무엇을 원하고 있는지', '내가 싫어하거나 좋아하는 것은 무엇인지'를 생각하고 깨닫게 된다는 것이다. 결국, 장소와 관계를 맺으며 알게 되는 것은 나 자신이다.

2019년 프로젝트에 함께 참여한 '뉴타입 이미지웍스'의 김혜나는 고려대학교 재학 시절, 일상생활의 공간이었던 조치원을 적극적으로 경험하면서 "'나'에 대한 생각을 더 많이 했다'고 말한다.

"매일 다니던 학교 가는 길, 동기들과 우르르 몰려가던 술집을 다시 바라보게 됐다. 골목에서, 카페와 축제가 있었던 공원에서 만난 사람들과 체험한 일들은 우연한 접점이었고 예상하지 않았던 감정이 튀어나오게 했다. 그 감정이 무엇인지 생각하다 보니, 그 장소 안에서 일어난 일이 나와 사람들과의 관계, 나와 공간의 관계를 드러내는 일이라는 걸 깨닫게 됐다. 거기서 무슨 일이 있었는지, 난 무엇을 느꼈는지 생각하다 보면 그 공간에 위치한 '나'를 보게 된다. 컴컴한 동네 무서운 줄 모르는 건, 아예 늦은 시간에 돌아다닐 생각을 하지 않는 '취약함'을 드러낸 것이었다. 새로 생긴 조치원역 앞 프랜차이즈 카페에 열광하는 나와 친구들을 보면서, 우리들의 '열광'이 결국 '결핍'의 반영이라는 걸 깨달았다. 우린 주체적으로 나서 본 경험이, 소비할 문화를 스스로 만들어 본 경험이 너무 적었다."

신체적 역량이나 경제적 자원과 상관없이 어떤 사람들은 그곳에 갈 수 없다. 그곳에 갈 수 없는 사람은 그곳의 주인이 될 수 없다. 도시의 다양한 모습을 구성할 권리는 르페브르가 주장한 '공간 주권space sovereignty[102]'의 주요 요소다.

모두에게 열려 있음을 표방하는 도시에서 은근한 불화를 겪는 사람들이 존재한다. 도시 장소에서 사람, 건물, 골목길과 상호 작용하면서 내가 주변화되고 있다는 걸 깨닫는 사람들이 있다. 평범한 학생, 직장인이었던 사람들이 본격적으로 도시 장소를 탐구하려고 카메라를 들고, 스마트폰 메모장을 연다. 그때 이전에는 감각하지 못했던 것을 감각하기 시작한다.

　　당신은 이 도시의 주인이 되어본 적 있었나? 혹시 주인
이 되려 하지 않았기 때문에 모방해 온 것은 아닐까. 모방 끝
에 결국 그 도시를 '노잼'이라 느낀 것은 아닐까. 직접 주체적
으로 도시 장소성을 만들고 느낄 수 있다면, 그래서 나만이 알
고 느낀 것을 표현하고 공유할 수 있다면 '노잼 도시'는 없다.

# 에필로그　　　당신의 #가 짓는 도시

(…)


간이역에서 속도를 늦추는 열차의 작은 진동에도
소스라쳐 깨어나는 사람들, 소지품마냥 펼쳐보이는
의심 많은 눈빛이 다시 감기고
좀더 편안한 생을 차지하기 위하여
사투리처럼 몸을 뒤척이는 남자들.
발밑에는 몹쓸 꿈들이 빵봉지 몇 개로 뒹굴곤 하였다.


그러나 서울은 좋은 곳입니다. 사람들에게
분노를 가르쳐주니까요. 덕분에 저는
도둑질 말고는 다 해보았답니다.
조치원까지 사내는 말이 없다. 그곳에서
그를 기다리고 있는 것은 무엇일까. 그의 마지막 귀향은
이것이 몇 번째일까, 나는 고개를 흔든다.
나의 졸음은 질 나쁜 성냥처럼 금방 꺼져버린다.
설령 사내를 며칠 후 서울 어느 거리에서
우연히 마주친다 한들 어쩌랴. 누구에게나 겨울을 위하여
한 개쯤의 외투는 갖고 있는 것.


사내는 작은 가방을 들고 일어선다. 견고한 지퍼의 모습으로

(…)

〈鳥致院(조치원)〉, 기형도[103]

나(시인)에게 달걀을 건네는 사내는 조치원에서 고등학
교까지 마치고 서울에서 생활하다가 고향인 조치원으로 돌아
가는 중이다. 도둑질 말고 뭐든 해봤다던 서울 생활이 사내에
겐 즐거웠던 것 같지 않다. 다정한 사람이지만, 사내의 표정과
말투에는 '금의환향'의 기쁨이 아니라 쓸쓸함과 수치심이 느
껴진다.

그 기차에 함께 타고 있는 다른 사람들의 처지도 크게
다르지 않다. 서울에서 좀 더 편안한 생을 차지하려고 꿈을 꿨
던 사람들이 가져본 건 고작 싸구려 빵 같은 것들뿐이다. 나도
모르게 불쑥 튀어나오는 사투리 때문에 같은 고향 사람임을
눈치챘지만, 서로에 대한 의심을 거두지 않는 외로운 사람들.
서울 갈 때 가졌던 꿈이나 바람은 초라해졌고, 돌아가는 고향
에 무엇이 기다리고 있는지 알지 못해 불안하다. '이번에도'
나를 받아주는 고향, 조치원이 있다는 건 안도감을 주지만, 서
울 생활이 남긴 상처와 패배가 남긴 수치심은 쉽게 사라지지
않는다.

이런 마음을 숨기기 위해 견고하게 입에 지퍼를 채우고
침묵하려는 '디나이얼 지방출신'에게 '#로 도시 짓기'를 권한

다. 힙하고 핫한 도시 매력이나, 모두가 고개를 끄덕일 아름다움과 새로움은 서울에 내어 주고, 당신이 발견한 '진짜의 것'으로 #를 달아, 그 성과를 여러 사람과 공유하는 것이다. 거리를 걷고, 좋아하는 식당에서 밥을 먹고, 뒷산에 올라 조금은 멀리 떨어져 동네를 바라보고, 길모퉁이 노랗게 익은 모과나무 열매를 사진에 담고, 그때의 느낌을 글로 남겨 보자. 그저 "마음을 끄는 장면을 만나면 멈춰 서서, '내가 사랑하는 도시의 구석들'"이란 제목으로 인스타그램이나 브런치스토리에 올릴 포스팅을 작성하는 것에서 시작해도 좋다.[104]

우리는 골목을 걸으면서 길이 좁아지고 휘어지는 모양을 알아챌 수 있다. 동네마다 내세우는 식재료와 그 이유를 식당 주인에게서 들을 수 있다. 우리 동네 옆에는 언제, 어떤 시설과 집들이 들어섰는지, 꼭 필요한 공간과 서비스를 우리 동네는 옆 동네와 어떻게 공유하고 있는지 살필 수 있다. 하필 모과나무가 많은 이유, 어떤 사람들이 살길래 저렇게 꽃과 나무를 잘 가꾸는지에 대한 얘기를 듣는 것도 흥미롭다. 어린 시절 자주 가던 소풍지의 역사·문화적 아이러니를 곱씹어 볼 수도 있다. 보문산 공원[105]은 일본 사람이 만든 공원이다. 그의 이름을 따서 이곳을 '스지 공원'이라 불렀다. 일제 강점기, 한반도 지배를 효과적으로 추진하기 위해 건설된 대전역 덕에 도시로 발전한 곳이 대전이다.[106] 어린 시절의 행복과 즐거움이 식민 통치의 흔적 안에서 일어난 것이라는 사실에 누군가는 충격을 받는다. 식민화의 결과물을 문화로 향유하는 모순을 어떻게 해석하면 좋을지를 생각해 보는 것도 흥미로운 도시 탐구 기획이 된다.[107]

도시학 전문가들은 이 관찰과 탐구의 과정을 '도시 기록'이라 부른다.[108] '도시 기록'이란 거창한 이름을 내세웠지만, 용기 있는 접근과 독특한 시각과 상상력에 근거한 일종의 관찰 일지라고도 표현할 수 있다. 낯선 곳에 구경 온 관광객만 장소 방문 후기를 남기고, 전문가만 도시 기록을 남기란 법은 없다. 후기를 쓰고, 도시 기록을 남기는 방법과 과정은 너무 많고 다양해서, '1인 1방법'이라 해도 과언이 아니다. 매일 새로운 장소를 찾는 사람이 있지만, 한 장소를 깊이 탐구하는 걸 좋아하는 사람도 있다. 누구나 마치 홍상수 영화의 주인공처럼 한 장소에 자주 가서, 새로 만나는 사람들과 생긴 일을 관찰하고 기록할 수 있다. 장소는 같지만, 그 안에 있는 존재들과 발생한 사건이 달라지면, 장소는 순간순간 낯설어지기도, 익숙해지기도 한다. 그때 한 장소의 매력이 보인다.

언뜻 회색빛만으로 보이는 도시도 멈춰 서서 바라보면 다채로운 빛깔이 보인다. 도시의 빛은 혼합돼 있기 때문이다. 오래된 도시 상점 가판대는 그만큼이나 오래된 빛깔의 물건들이 매대를 채우고 있고, 낡은 색감의 간판과 홍보물은 주인

할머니의 옷이나 화장과 묘하게 대비를 이룬다. 눈여겨본 적 없던 도시의 구석은 흡연자들이 밀려나 모여 선 '섬'이라는 걸 알게 되고, 붉은 등이 줄줄이 켜진 골목길의 의자들은 누군가가 쉬는 곳이 아니라, 누군가를 부르는 곳이라는 걸 알게 된다. 재개발 후 아파트가 세워지면 그럴듯하게 한 자리 내어 주겠다고 약속받았던 옛 집성촌의 비석들이 공터 구석에 먼지를 뒤집어쓰고 착착 쌓여 있는 모습은 매장되기 전 관棺 같아서, 애도하게 된다.

도시 기록자들은 도시의 순간을 잡아채 모으는 수집가 collector다.[109] 아침 7시 출근길, 문득 올려다본 파란 하늘은 잠시의 위로가 된다. 노을이 지면서 만들어 낸 건물 위 검은 그림자와 황금빛 햇살의 대비, 카페의 가장 어두운 자리에서 밝은 밖을 바라보는 시선에 걸린 사람들의 까만 실루엣이 슬픈 안정감을 준다. 할머니들이 모여 사는 낡은 동네엔 정갈하게 가꾼 화단이 많다. 반질반질하게 닦아 낸 작은 창과 문고리는 이 동네에서 그간은 발견하지 못했던, 서먹한 이면이다. 당신은 이 모든 걸 혼자서 알아낼 수 있다.

전문 사진작가나 소설가, 학예사가 아니어도 우린 도시의 어떤 곳에서 찾아낸 모습과 순간의 감정을 사진에 담고 글로 쓸 수 있다. 예술가처럼 작품을 만들진 못해도, 예술적인 감성을 가지고 작품을 감상하고 수집하는 컬렉터처럼 도시를 감상하고 그 결과를 정리해 차곡차곡 수집할 수 있다. 수집의 결과물은 기성품이 아닌, 도시의 속성을 직접 꿰뚫어 낸 창작물이다. 내가 만들었으니, 포장지에 현혹될 일도 없다. 사기꾼에게 속아 엉뚱한 걸 고를 위험도 없다. 나의 도시 기록은 내가 나를 위해 '맞춤형'으로 제작한 '나만의 도시'다.

이런 도시 기록은 만드는 과정과 그 결과물에서 나만이 갖는 사회적 위치와 관점, 독특함을 드러낸다. 도시의 구석과 숨을 곳을 찾는 내 시선은, 실은 사회적으로 환영받지 못하는 흡연자와 소수자의 위치를 드러낸다. 하늘이 보이는 도심이 위로가 된다는 건 내가 피로한 직장인이라는 점을 상기시키고, 아무도 관심 없는 비석들을 보러 가는 건, 내가 사라진 사람들과 장소에서 내 뿌리를 찾기 때문이다. 낙천적인 내 성격은 도시의 색깔과 사물의 유머러스한 표정을 잡아내는 훌륭한 방법론이다.

그러니까, 도시 기록의 본질은 수동적인 '구매'가 아니라 능동적인 '체험'이다. 요약본을 구매하지 말고, 작은 부분이라도 도시를 느끼고 이해하고 마침내 소유하자. 도시의 이 공간이 좋았다면, 아름답다고 생각했다면, 왜 그렇게 느끼는지 생각해 보자. 타인의 평가와 수식을 당연하게 받아들이지 말고 나만의 느낌을 솔직하고 용기 있게 들여다보자. 소수의 사람들이 만들어 놓은 특정한 멋짐과 아름다움, 공간 규정으로부터 독립하려 애써 보자. 패권을 쥔 소수, 혹은 엄청난 학습이 가능한 기계AI가 골라낸 정돈된 아름다움을 들이밀며 내게 구입을 권유하는 시대다. 이렇게 제안된 '미의식'에서 독립해야만, 누군가 만들어 놓은 미의식의 지배로부터 벗어날 수 있다.[110]

현대 민주주의의 근간은 말과 글을 스스로 이해하고 판단하는 시민이다. 도시에 대해, 도시 공간과 장소에 대해 스스로 이해하고, 판단하고, 자신이 느끼고 경험한 걸 표현하는 사람들이 있어야 도시 공간의 민주주의도 실현되지 않을까? 힘과 지식을 갖춘 누군가만 공간을 진짜로 이해한다면, 그를 기반으로 판단하고 도시를 계획한다면, 그 도시는 그들의 것이지 내 것은 아니다. 결국 만들어지는 건 '내'가 아닌 '그들'이 원하는 도시다.

이 도시는 내가 생각한, 내가 원하던 도시가 아니라고 부인deny'하는 게 아니라, 이미 주어진 도시의 아름다움과 재미를 먼저 거부deny해 보자. '노잼도시'가 아니라고 부인하기 전에, 그들이 없다고 규정한 '재미'를 먼저 거부해 보자. 당연하게 불리는 이름과 남이 만들어 준 도시 정체성을 거절하고 스스로 도시의 아름다움과 재미를 찾는 게 필요하다. '디나이얼 지방출신'은 스스로를 부정하고 받아들이지 못하는 사람이 아니라, 도시에 대한 수동적 태도를 거절하는 사람일 것이다. 완전히 길들여지지 않으려 버티면서, 완전히 누군가의 것이 되지 않으려고 하는 사람들일 것이다. 이들은 자기만의 시선을 개발하고, 스스로 찾아낸 장소에 대한 #를 쌓으면서 도시를 진짜 살아간다.

지방 도시의 고유함과 미래 모습은 이렇게 부정과 거절, 용기와 상상력을 발휘해 '#로 도시를 짓는, 디나이얼 지방 출신'에 달려 있다.

주

1 _ 이익섭, 〈국어 표준어의 역사〉, 《국어문화학교》 1, 국립국어연구원, 1992, 71~79쪽.

2 _ 이정봉, 〈[카드뉴스] 이정섭 '챔기름 더~' 알고보니 서울사투리라고?〉, 《중앙일보》 2017. 10. 18.

3 _ 사라 아메드(성정혜 · 이경란 譯), 《행복의 약속-불행한 자들을 위한 문화비평》, 후마니타스, 2021.

4 _ 에바 일루즈(김정아 譯), 《감정 자본주의-자본은 감정을 어떻게 활용하는가》, 돌베개, 2010.

5 _ 사라 아메드(성정혜 · 이경란 譯), 《행복의 약속-불행한 자들을 위한 문화비평》, 후마니타스, 2021, 388쪽.

6 _ 이 책에서는 '노잼'과 '도시'를 붙여 하나의 고유 명사처럼 사용한다. 용어 사용에 대한 상세한 설명은 3장에서 찾을 수 있다.

7 _ 박진석, 〈성심당 빼면 아무것도 없는 대전...노잼도시 꼬리표 떼려면〉, 《충남일보》, 2022. 11. 30.

8 _ 시각 예술 비평가 이연숙(리타)은 블로그 일기(https://blog.naver.com/hotleve)에서 김해에서 서울로 이주해 사는 자신을 '디나이얼 지방출신'이라 불렀다. 그의 허락을 얻어 이 표현을 쓴다.

9 _ 대전광역시 중구에 있는 산으로 대전 중구가 꼽은 '중구 10경'에 포함돼 있다.

10 _ 야구 경기에서 투수가 세이브 기회를 날렸다는 뜻.

11 _ 에드워드 렐프(김덕현 외 2인 譯), 《장소와 장소상실》, 논형, 2021, 88쪽.

12 _ Too Much Information의 약자로, 굳이 알려주지 않아도 될 정보, 혹은 필요에 비해 너무 과한 정보를 뜻한다.

13 _ 우수한 타 기업의 제품이나 기술 등을 배워서 응용하는 일.

14 _ 신현아, 〈어느 '지방' 연구자의 수기〉, 《문화/과학》 112, 2022, 148쪽.

15 _ 캐시 박 홍(노시내 譯), 《마이너 필링스》, 마티, 2021, 26쪽.

16 _ 싱어송라이터 손서정은 트위터(@journeybelly)에 이런 멘션을 남겼다. "서울이
라는 도시는 언젠가 내가 나이가 들고, 뾰족하던 날이 반질반질해질 때 이때다 싶어 날
치워버리고 새로운 걸 세워놓을 것 같다는 불안감을 준다."

17 _ 염복규, 《서울의 기원 경성의 탄생》, 이데아, 2016.

18 _ 통계청, 〈장래인구추계 시도편: 2020~2050〉.
국토교통부, 〈지역별 인구 및 인구밀도〉.

19 _ 통계청, 〈최근 20년간 수도권 인구이동과 향후 인구전망〉, 2020. 06. 29.

20 _ 마스다 히로야(김정환 譯), 《지방소멸》, 와이즈베리, 2015.
마스다 히로야의 주장에 근거해 한국고용정보원은 2015년 한국의 지방 소멸 추세를 처
음 예측해 발표했고, 2018년 이후 전국 시·군·구의 소멸 위험 정도를 측정해 발표해
오고 있다. 자연 출생 인구 예측에 기반한 도시 소멸 추정은 지금도 '지방 소멸 대응 기
금 사업' 등 국가 정책 추진의 기초 자료로 활용된다.

21 _ 강준만, 〈지방이 지방을 죽인다: 수도권 집중과 지방소멸〉, 《창작과 비평》 48(4),
2020, 268~284쪽.

22 _ 최병두, 〈공간적 정의와 탈소외된 도시〉, 《공간과 사회》 29(1), 2019, 156~205쪽.

23 _ 조성민, 〈지역소득 역외유출의 결정요인과 시사점〉, 《월간 KIET 산업경제》 241,
2018, 33~43쪽.

24 _ 송광섭·박동환, 〈'알짜기업' 10곳 중 9곳은 수도권에…지방투자 땐 세 혜택 확

대〉,《매일경제》, 2023. 1. 24.

25 _ 송우경 외 2인, 〈지방 재정력 추이와 영향요인에 대한 고찰: 재정 자립도와 재정 자주도를 중심으로〉,《월간 KIET 산업경제》, 2023, 7~18쪽.

26 _ 재정 자립도={(자체 수입/전체수입(자체 수입+의존 수입)}×100

27 _ 재정 자주도={(자체 수입+자주 재원)/전체 수입(자체 수입+의존 수입)}×100

28 _ 최병두, 〈공간적 정의와 탈소외된 도시〉,《공간과 사회》29(1), 2019, 156~205, 167쪽.

29 _ 국세청·관세청, 〈징수보고서〉.
행정안전부, 〈지방세통계연감〉.

30 _ 최해련, 〈MZ 마음 잡아라... 공무원 유튜브 봇물〉,《한국경제》, 2023. 9. 25.

31 _ 최지윤·정윤재, 〈도시 브랜드 가치 제고를 위한 지자체PR 매체전략 연구〉,《한국광고홍보학보》23(2), 2021, 184~220쪽.

32 _ 김기욱·강한나, 〈국내 광역지방자치단체 콘텐츠 특성에 관한 연구: 인기 콘텐츠의 내용 분석을 중심으로〉,《광고PR실학연구》15(2), 2022. 42~78, 62쪽.

33 _ 김종혁, 〈김영환 지사 "나는 충북의 세일즈맨, 온 힘 다하겠다"〉,《굿모닝충청》, 2023. 4. 24.

34 _ 2022년엔 831건으로 2021년의 648건, 2020년의 655건에 비해 크게 증가했는데, 대선과 지방 선거가 치러진 해라는 특수성이 반영된 결과라 추정된다.

35 _ 이준서, 〈'서울' 브랜드 가치 127조 원…도쿄의 20%,〉, 연합뉴스, 2009. 3. 12.

36 _ 이재명, 〈울산, 도시 브랜드 광역시 중 최고〉,《경상일보》, 2009. 3. 13.

37 _ 법제처의 국가법령정보센터 자치 법규 검색에 따르면, 도시 브랜드 관련 현행 조례를 가지고 있는 곳은 경기도 고양시, 대구광역시, 경북 경주시, 부산광역시, 강원특별자치도 춘천시, 그리고 경기도 하남시다. 대전광역시는 '대전광역시 도시 마케팅 조례'를 가지고 있다.

38 _ 박재범 · 나건, 〈지역 이미지 중심의 도시 브랜드 아이덴티티 모델 구축을 위한 기반 연구〉, 《한국 디자인 리서치》 4(2), 2019, 90~102쪽.

39 _ 강원도 삼척에 위치한 "동해안 유일의 남근숭배민속(男根崇拜民俗)이 전해 내려오는 해신당 공원에는 어촌민의 생활을 느낄 수 있는 어촌민속전시관, 해학적인 웃음을 자아내는 남근조각공원 등으로 구성되어 있다."
(삼척문화관광 홈페이지 https://www.samcheok.go.kr/tour/01456/01463/01474.web)

40 _ 한국언론진흥재단, 〈2021 소셜미디어 이용자 조사〉, 18쪽.

41 _ 한국언론진흥재단, 〈2021 소셜미디어 이용자 조사〉, 18쪽.

42 _ 한국언론진흥재단, 〈2021 소셜 미디어 이용자 보고서〉, 137쪽.

43 _ 한국언론진흥재단, 〈2021 소셜 미디어 이용자 보고서〉, 217쪽.

44 _ 네이버가 발표한 〈2022년 네이버 블로그 리포트〉에 따르면, 블로그 유저 중 76퍼센트가 10, 20, 30대다. 리포트에 따르면 전 연령층에서 전년 대비 이용자 수가 늘었다.

45 _ 김근현 · 이수광, 〈빅데이터를 활용한 10년간의 숲길 관련 블로그 · 카페 이용자 인식 분석〉, 《호텔관광연구》 23(3), 2021, 34~52쪽.

46 _ 정초영 외 2인, 〈가상 인플루언서의 특성이 관광객의 애착, 신뢰, 행동의도에 미치는 영향〉, 《관광연구저널》 37(3), 2023, 163~181쪽.

47 _ 한국관광 데이터랩 (https://datalab.visitkorea.or.kr)

48 _ 표준국어대사전은 '공간'을 철학적 의미까지 여섯 가지로 정의하고 있는데, 여러 면에서 쓰임이 가능하다. 여기서는 두 번째로 제시된 정의를 사용했다.

49 _ 이 푸 투안(윤영호 · 김미선 譯),《공간과 장소》, 사이, 2020, 19쪽.

50 _ 이재하,〈장소 연구의 핵심 주제 '장소의 정감' 재논의와 장소 만들기에서 그 중요성〉,《한국지역지리학회지》24(1), 2018, 51~65쪽.

51 _ 에드워드 렐프(김덕현 외 2인 譯),《장소와 장소상실》, 논형, 2021, 111~114쪽.

52 _ 이광호,《장소의 연인들》, 문학과 지성사, 2023, 169쪽

53 _ 조명래,《공간으로 사회 읽기-개념, 쟁점과 대안》, 한울아카데미, 2014, 169~196쪽

54 _ 에드워드 렐프(김덕현 외 2인 譯),《장소와 장소상실》, 논형, 2021, 239~245쪽.

55 _ 앙리 르페브르(양영란 譯),《공간의 생산》, 에코리브르, 2011, 27쪽.

56 _ Ludovico Einaudi,〈Ludovico Einaudi - "Elegy for the Arctic" - Official Live (Greenpeace)〉, 2016. 6. 20.
(https://youtu.be/2DLnhdnSUVs?feature=shared)

57 _ 에드워드 렐프(김덕현 외 2인 譯),《장소와 장소상실》, 논형, 2021, 7쪽.

58 _ 그 공간에 나오는 특유의 감정을 나만이 새롭게 느끼는 것.

59 _ 대전광역시 홈페이지. (https://www.daejeon.go.kr/drh/DrhContentsHtmlView.do?menuSeq=2033)

60 _ 대전광역시 홈페이지 (https://www.daejeon.go.kr/drh/DrhContentsHtmlView.do?menuSeq=1716)

61 _ 국토교통부 국토지리정보원은 《국가지도집》을 꾸준히 발간해 오고 있다. 《어린이를 위한 대한민국 국가지도집》은 국토와 도시 형성에 대한 쉽고 (훨씬) 재밌는 설명을 제공한다.

62 _ 심영운, 〈대전시, 정부합동평가 정성 1위, 정량 3위…역대 최고 성적〉, 《충남일보》, 2023. 5. 1.

63 _ 통계청이 제공하는 〈국내인구 이동통계〉를 보면, 전입지 대전의 2018년 순이동자는 −1만 4753명이었고, 2021년엔 −8931명, 2022년 −2996명이다.

64 _ 금상진, 〈알고리즘으로 풀어본 지인이 대전에 온다면…기승전성심당?〉, 《중도일보》, 2017. 4. 10.

65 _ 대전광역시는 2019년 7월 2일부터 10일까지 '대전 방문의 해'를 맞아 대전에서 즐길 수 있는 알고리즘 만들기 이벤트를 했다. (https://www.facebook.com/daejeonstory/posts/2304450582976704)

66 _ 나무위키에서 '노잼도시'를 검색하면 대전 관광과 대전 지역에 대한 소개로 연결된다. 특색 없는 자연환경, 짧은 도시 역사, 대표 관광 자원 부재, 옅은 지역색이 노잼의 원인으로 지목되고 있다.

67 _ 이기진, 〈허태정 대전시장 '한번 오면 이틀 놀다 가는 활력 넘치는 도시 만들겠다'〉, 《동아일보》, 2019. 5. 10.

68 _ 3장의 텍스트 마이닝 분석은 다음에 근거한다. 주혜진, 〈대전은 어떻게 '노잼도시'가 되었나: 텍스트 마이닝과 의미 연결망으로 본 '장소성' 소비〉, 《한국사회학》 56(4), 2022, 51~102쪽.

69 _ 2023년 7월 이후 트위터는 X가 되었고, 편집과 글자 수 증가 등 기능이 바뀌었지만, 2021년 연구가 진행될 당시 트위터의 특성을 기술했다.

70 _ 김유진, 〈서울특별시 SNS 통신 언어의 특징-트위터, 페이스북, 인스타그램을 중심

으로〉,《언어와 언어학》 91, 2021, 29~48쪽.

71 _ 윤명희, 〈블로그의 사회적 유형 분석-1인 커뮤니티의 다층화〉,《한국사회학》 41(1), 2007, 170쪽.

72 _ 블로그 이용자 수는 계속 늘고 있다. 네이버는 〈2022년 블로그 리포트〉를 통해 3200만 명이 블로그를 쓰고 있다고 밝혔다.

73 _ 신진숙, 〈탈산업화 시대의 산업도시의 장소성과 관광의 진정성에 대한 문화사회학적 고찰: 블로그를 통한 포항(송도해변)의 도시경관을 중심으로〉,《관광연구》 32(6), 2017, 45~64쪽.

74 _ 한 문서에 특정 단어가 많이 등장한다고 해서 그 단어가 수집된 모든 문서를 관통하는 중요한 단어라 말할 수 없다. 반대로, 특정 단어가 한 번씩만 모든 문서에 골고루 등장한다고 해서 그 단어야말로 전체 문서를 관통하는 제일 중요한 단어라고 점수 매길 수 없다. 그래서 한 문서에서 특정 단어의 출현 빈도(TF)를 계산하고, 그 특정 단어가 모두 몇 개의 문서에서 등장하는지 계산(DF)한다. DF는 그 단어가 몇 개의 문서에 출현했는지만 드러낼 뿐이다. TF와 DF를 그냥 곱해서 단어 출현 빈도의 의미를 계산하면, 출현 문서가 많아질수록 값이 커진다. 그러나, 너무 많은 문서에 등장하는 단어는 중요도가 낮을 수 있다는 것이 이 개념의 핵심이다. 흔한 단어들, 예를 들어 접속어나 조사 등을 걸러내고, 보다 중요도가 높은 단어를 찾기 위해 DF의 역수를 취해 TF-IDF를 구한다.

75 _ 파이썬(Python)을 활용해 TF-IDF 결과를 시각적으로 구현했다.

76 _ 박장훈, 〈'2019 대전 방문의 해' 서울서 선포〉, KBS뉴스, 2018. 12. 10.

77 _ 박광길, 〈인터넷 밈의 언어적 성격 고찰〉,《인문과학연구》 66, 2020, 8쪽.

78 _ 윤명희, 〈소셜 네트워크에서 상호 작용 의례의 복합성: 페이스북 사례연구〉,《한국사회학》 47(4), 2013, 166쪽.

79 _ 윤여울, 〈한국 디자인문화에 나타난 취향의 변화와 특징: 1990년대-2010년대 신문기사를 중심으로〉, 건국대학교 석사 학위 논문, 2018.

80 _ 네이버의 우리말샘은 '힙하다'를 2017년에 처음 언급했다.

81 _ 변미리, 〈서울의 핫플레이스 혹은 '뜨는 거리': 보보스적 예술과 허세 사이 그 어디쯤〉, 《서울의 인문학: 도시를 읽는 12가지 시선》, 창비, 2016.

82 _ 4장의 텍스트 마이닝 분석은 다음에 근거한다. 주혜진, 〈소셜 미디어 텍스트 마이닝을 활용한 대전의 힙·핫플레이스 개념 형성 분석〉, 대전세종연구원, 2022.

83 _ 고명지, 〈'#핫플레이스'를 통해 알아본 청년세대의 소비문화〉, 《인문사회21》 12(3), 2021, 645~660쪽.

84 _ 레이 올든버그 (김보영 譯), 《제3의 장소-작은 카페, 서점, 동네 술집까지 삶을 떠받치는 어울림의 장소를 복원하기》, 풀빛, 1999.

85 _ 최문희, 〈서울시, 도시 브랜드 평판 8월 빅데이터 분석 결과 1위〉, Business Korea, 2023. 8. 23.

86 _ 복길, 〈신도시에 대한 애증 '05학번 이즈 히어'〉, 《시사IN》 813, 2023, 58~60쪽.

87 _ 정찌, 《지역의 사생활 99. 울산: 폰 콜》, 삐약삐약출판사, 2021, 81~82쪽.

88 _ 유호경, 〈로컬 브랜딩, 지방 소멸 해결사 될까〉, 이코리아, 2023. 3. 24.

89 _ 리슨투더시티, 《미학 실천: 리슨투더시티 비평집》, 2023.

90 _ 리슨투더시티, 《미학 실천: 리슨투더시티 비평집》, 2023, 257~271쪽.

91 _ 리슨투더시티, 《미학 실천: 리슨투더시티 비평집》, 2023, 21쪽.

92 _ 홍서윤, 〈재개발 지역서 울려퍼진 치유의 멜로디-대전시, 재개발 철거 중인 목동 3 구역서 위로의 퍼포먼스〉, 《충청투데이》, 2018. 9. 17.

93 _ 박혜성은 목동 재개발 지구에서 있었던 피아노 퍼포먼스 '막다른 골목'에 다음의 사람들이 참여했다고 밝혔다. 안준호 · 박혜성(기획), 박상희(피아노 연주), 정다운(영상 촬영), 안수희(사진 촬영), 여상희(사진 촬영과 기록 수집), 남명옥(연기 퍼포먼스), 이승규(피아노 조율), 윤석빈 외(포스터 디자인). 정다운 감독이 제작한 퍼포먼스 영상은 비메오(https://vimeo.com/813005716)에서 볼 수 있다.

94 _ 권인호의 블로그(blog.naver.com/joyinho)에는 대전을 중심으로 전개해 온 '스페이스 해킹 대전'에 대한 생각과 기록이 있다.

95 _ 공장 여직원들이 다니던 산업체 부설 학교 건물로, 1979년 개교한 이래 한때 학급 수가 100여 개에 이를 정도로 큰 규모였다. 2005년 폐교한 후 공포 체험 현장으로 이용되기도 했다.

96 _ 대전 대덕구 청년 공유 공간 청년벙커의 '10만원 스페이스 해킹 SF적 영화' 제작 워크숍 안내문 참조. (https://bit.ly/3QBfs5d)

97 _ 이연숙(리타), 〈위대함 또는 유머: 세계를 둘로 쪼개기〉, 《이반지하 작가비평 국립현대미술관 레지던시 2022》, 2022, 146~150쪽.

98 _ 문재원, 〈트랜스로컬 주체성과 경계의 재구성〉, 《현대미술학회》 26(2), 2022, 69쪽.

99 _ 레슬리 컨(황가한 譯), 《여자를 위한 도시는 없다》, 열린책들, 2022, 159~163쪽.

100 _ 콜렉트(김재연 · 권순지), 〈불난 집〉, 《2018 지역 리서치 프로젝트》, 대전문화재단, 2018, 49~86쪽.

101 _ 주혜진 · 최성은, 《대전 · 세종지역 청년인구감소의 지역 내 불균형-성인지적 관점을 활용한 논의의 확장》, 대전세종연구원, 2019.

102 _ 주혜진·김혜나, 〈도시는 어떻게 '남성'의 것이 되었나?: 공간 기억으로 구성한 도시 정체성〉, '제19회 도시연구세미나: 여성과 도시' 발표 자료집, 2020, 3~21쪽.

103 _ 기형도, 《입 속의 검은 잎》, 1997, 19~20쪽.

104 _ '동네에서 영감을 얻는 도시 기획자' 채아람(@ahramchae)은 〈나의 동네 새롭게 발견하기〉 프로젝트를 통해 살고 있는 동네를 '의식하고 기록하는' 작업을 신청자들과 함께했다. 일상의 공간을 그냥 지나치지 말자는 가벼운 제안은 장소와 관계를 맺고 확장하는 첫걸음이 된다.

105 _ 대전 중구에 있는 대전의 대표적인 공원이다. 봄 벚꽃과 산책로, 보문산 전망대 등이 유명하다.

106 _ 고윤수, 〈식민도시 대전의 기원과 도시 공간의 형성〉, 《도시연구: 역사·사회·문화》 27호, 2021. 7~39쪽.

107 _ 손미, 《삼화맨션》, 월간토마토, 2021, 86쪽.

108 _ 도시학의 창시자로 불리는 패트릭 게데스(Patrick Geddes)는 생물처럼 살아 숨 쉬는 도시를 탐구하는 실천 작업을 강조했다. 게데스는 '지리 조사(geographic survey)'와 '역사 조사(historic survey)'를 도시 방법론으로 소개했는데, 물리적 공간과 사람, 그들이 하는 일과 발생한 사건을 섬세하고 통합적으로 관찰하는 것이라 할 수 있다. 어렵게 들리지만, 우리가 매일 일상생활 속에서 하는 일이다.

109 _ 2023년, 필자는 대전과 세종시민 열 명, 사진작가 김재연과 함께 '지역적인 것'을 발굴하고 미학적으로 완성도를 높여 표현해 내는 프로젝트를 하고 있다. 열 명의 '컬렉터'들은 자기만의 시선과 방법으로 대전과 세종의 장소를 탐색하고, 그 결과로 찾아낸 '장소성' 혹은 '지역적인 것'을 사진과 짧은 글로 표현한다. 한 명의 컬렉터가 열 장의 사진을 제출해 사진집으로 엮일 예정이다. '10명×10개의 장소 푼크툼(punctum)'이 생겨나길 기대하고 있다.

110 _ 서경식(박소현 譯), 《고뇌의 원근법》, 돌베개, 2019, 7~9쪽.

북저널리즘 인사이드　　　김포와 대전을
　　　　　　　　　　　　제대로 묻는 법

서울에는 중력이 있다. 서울은 블랙홀처럼 모든 도시의 이야기와 땅, 사람들을 긁어 모은다. 그렇게 김포도, 대전도, 울산도 모두 서울을 지망하는 도시가 됐다. 어쩌면 이미 그들은 지망생의 단계를 넘어 이미 명예 서울이 되어 가는지도 모른다. 서울이라는 현상은 번진다. 바이러스처럼 자신의 모습과 표현을 바꿔 가며 말이다.

대전이 노잼도시로 이름을 떨쳤다면, 지금 한국의 지역 도시 중 가장 주목받는 건 김포다. 경기도 김포로 남느냐, 서울시 김포로 승진하느냐가 시험대에 올랐다. 쓰레기 매립지를 위한 서울의 검은 속내라는 진단, 혹은 정치권의 표심을 위한 무리수라는 이야기가 오간다. 이 논의에서조차 김포는 중심을 차지하지 못했다.

김포는 남쪽으로는 서울 강서구, 인천과 접하고 북쪽으로는 북한을 접하는 도시다. 인구 대부분이 서울과 인천에서 경제 활동, 소비 활동을 이어 나가는데, 정부에서는 이를 생활권이 겹친다고 표현한다. 그 생활권 때문에 2기 신도시였던 김포는 '베드타운'이라는 오명을 얻기도 했다. 이 문제의 신도시는 현재 서울시에 일부 편입된 '양천'과 겹치는 자리인데, 한강신도시라는 새로운 이름을 얻었다. 이름이 바뀐 이유는 간단했다. 고려 시대부터 이어져 왔던 양천이라는 이름은 신도시라는 단어 앞에 붙기에는 지나치게 시골스러웠기 때문이다. 김포가 일궈 낸 이 한강이라는 이름. 여기에 한국 지역 도시들의 초상이 담겨 있다. 서울스러움을 지향하는 것. 그것이 현재 한국 지역 도시의 생존 전략이다.

　　서울은 무겁다. 그런데 번지기까지 한다. 정치권이 말했던 김포 한강신도시 시민의 생활권만이 아니다. 서울은 이야기를 독점하고, 문화를 독점하고, 도시를 향한 한국의 상상력에 보이지 않는 천장을 만든다. 심상 지도mental map는 물리적 크기와 무관하게, 지도를 그린 사람의 세계관을 표현하는 상상적 지도를 말한다. 조선 시대 제작된 혼일강리역대국도지도에서 일본이 중국과 한국에 비해 작은 크기로 그려져 있는 게 대표적인 사례다. 이 심상 지도의 원리를 지금의 한국에 대입하면 어떨까? 우리는 성수동의 좁은 골목을, 이태원의 인센스 가게를, 광화문 교보문고의 향기를 그릴 수 있을지는 몰라도 대전의 그것은 성심당 매장 하나 남짓의 크기에 지나지 않을 것이다.

　　서울은 볼록하다. 포토샵의 볼록 렌즈 기능으로 서울을 연타한 것처럼, 서울은 이야기와 문화로, 그만이 만들어 낸 독특한 위세로 터져 나갈 지경이다. 그렇다면 왜 한국의 지역 도시는 '서울처럼' 되지 못할까? 질문이 잘못돼서 그렇다. 서울이 목표이자 목적이 되니 이야기와 문화가 없는 도시는 자연스레 오목해진다. 《대전은 왜 노잼도시가 되었나》는 서울로

직진하던 화살표를 각자가 매일 거니는 거리에, 이따금 올려다보는 하늘에, 익숙하게 여겼던 콘크리트에 던져 보라는 제안이다. 나만의 도시를 인식하고 나면 질문은 바뀌게 되어 있다. 왜 한국의 지역 도시는 '사람들의 도시'가 되지 못할까?

　　대전이 재미없어 노잼도시가 된 것은 아니다. 한국이 서울이 되고 싶어 서울이 된 것도 아니다. 그렇다면 누가 우리를 서울의 중심부로 밀어 넣는지를 탐구해 볼 때다. 이제는 서울의 중력, 서울의 전염성, 서울의 볼록함을 넘어설 때다. 중력을 뿌리치고 서울의 번짐을 경계할 때, 볼록함의 픽셀 크기를 낮출 때, 우리는 김포와 대전을 진짜로 질문할 수 있게 된다.

　　　　　　　　　　　　　　　　　　　　김혜림 에디터